資格試験に一発合格！

要点だけ見えてくる

超シンプル
マーキング術

SUPER SIMPLE MARKING TECHNIQUE

吉岡裕樹
Hiroki Yoshioka

KADOKAWA

資格は人生のコンパスになる

難関資格も一発合格できる、「厳しくない」勉強法

皆さん、こんにちは。吉岡裕樹と申します。

この本で皆さんに紹介したいのは、最小限の努力で、最大限の結果を出す勉強法——「超シンプルマーキング術」です。私がこれまで、数々の資格に挑戦する過程で編み出した、いわばちょっとした「飛び道具」です。

資格取得というと、世の中にはすでに無数の指南本があ",りますね。資格ごとの対策本はもちろん、思考術、暗記のコツ、時間管理法を説く本などさまざまです。

それらの本のほとんどは、「頑張る」ことを推奨します。「努力すべし」「モチベーションを保つべし」というふうに。そして、「目標達成に向けて、少々のことは犠牲にせよ」といった、やや厳しめのモットーを掲げていることも多いように感じます。

たしかに、何年もかけて資格取得を目指すような超難関

試験であれば、それも必要かもしれません。しかし「超シンプルマーキング術」を使って勉強すれば、合格率10％以下の難関資格でも「一発合格」が可能です。頑張り過ぎることなく、仕事も生活も犠牲にせず、短い時間で望んだ成果が得られるのです。

「働きながらでは勉強できない」と悩んでいませんか？

　セカンドキャリアを視野に入れてスキルアップを図りたいビジネスパーソンの方々にとって、「身を削らなくて良い」というのは朗報ではないでしょうか。

　「終身雇用」「年功序列」といった人事制度が見直されているこの時代、転職や独立などの選択肢はもはや珍しいものではありません。とくに近年では、理想のキャリアやライフスタイルを実現するために、次の仕事に役立つ資格を取得しておきたいと考える方も増えています。
　今の職場で働き続けるとしても、業務上取るべき資格が多い方や、合格報奨金の出る資格を狙ったり、副業のためのスキルを身につけたりして収入増を目指したい方もいらっしゃるのではないでしょうか。

今のうちに、スキルアップをしておきたい。

とはいえ、今の仕事もおろそかにできない。

家族や友人との時間も犠牲にしたくない。

体力的に、学生時代のようなハードな勉強はできない。

それでも……それでもやはり、まだまだステップアップして将来を切り開きたい！

そんなふうに思っている方は、きっとたくさんいらっしゃるはずです。

その願い、かないます！　40代半ばで、働きながら、資格試験に一発合格できた私が断言します。

働きながら、社労士資格に一発合格できた

──そう語る私は、いったい何者なのか。皆さん、きっとそうお考えでしょう。

私は、現在47歳。とある歯科医療関係の会社で歯科技工士を務めつつ、「社会保険労務士（社労士）」として、社内のハラスメントに関する相談窓口も担当しています。

「なぜ技術職の人が、社労士もしているんだ？」と思われますよね。話せば長くなりますが、かいつまんでお話ししましょう。

私の人生は、資格とともにありました。

　その原点は、幼少期にさかのぼります。

　子どもの頃から、法律の世界に憧れがありました。大学の法学部教授を務める叔父の影響で、「大人になったら弁護士になりたい」「いつかは教授になって、弁護士を育ててみたい」と思うようになったのです。しかし、大学〜大学院時代にかけてチャレンジした司法試験には、結局、合格できずじまい。ここはいったん諦めて、修士課程修了後、就職をしました。

　最初の仕事は予備校講師。司法試験に挑戦する過程で「宅地建物取引士（宅建）」の資格を取っていたので、その知識と取得ノウハウを、学生や社会人に教えていました。その後、転職し、法律事務所のスタッフとして働きました。

　いずれもやりがいのある仕事でしたが、30代半ばをすぎた頃、ふと考えました。法律に関わることから少し離れて、「ものづくり」に関わってみたい、と。そこで、働きながら歯科技工士の資格を取得し、現在勤務している会社に転職しました。

　それから8年が経って、もう一度、転換点が訪れました。法律家への夢は、やはりまだ「成仏」していなかったのです。どうしてももう1回トライしたい、という気持ちが勃

然と沸き起こりました。

　43歳で抱いたその気持ちは、子ども時代や学生時代に抱いた憧れに加えて、もう少し具体的な形を伴っていました。社会人となって20年弱、さまざまな職場で多くの人と関わる中、私は「働く人を守る」法律を学びたい、と強く感じるようになっていました。そこで、社労士を目指したのです。通勤時間と、夜の1時間と、週末の昼間を利用して、勉強を始めました。そして1年後に合格し、現在に至ります。

「一問一答」で深い知識を得る、新しいノウハウ

　2019年の社労士試験の合格率は6.6％。なかなかの難関です。毎日しっかり働いて、プライベートも犠牲にせず、私はこの資格に1回でパスすることができました。

　それは、冒頭で述べた「超シンプルマーキング術」を使って勉強したからです。

　「超シンプルマーキング術」の原型となる勉強法は、かなり早い段階で──司法試験の論文試験対策をしていた頃に、すでに編み出していました。その後、歯科技工士や、医薬品登録販売者など、他分野の資格試験の勉強をする中で、「この方法は、ジャンルを問わず学習効果が高い！」

と気づき、その後もブラッシュアップを重ねてきました。

　いったいどのような勉強法なのか、ごく簡単に説明しておきましょう。最重要ツールは、「◯×式」の、もっともシンプルな問題集です。これに1問ずつ答えながら、該当するテキストの箇所と突き合わせて、何が問われているのかを簡単な図に起こし、マーカーを引いて確認します。

　単純な方法ですが、そこから得られる理解は深いものです。しかも、理解のみならず「解ける」力が最大化します。
　「何が問われているのかを図にして、確認する」と言いましたが、これは「出題者の意図を読む」ということです。基礎力を問いたいのか、応用力を問いたいのか、小さな「ひっかけ」でふるい落としたいのか。「一問一答問題集」は、そんな出題者の思惑や、しかけが端的に現れるツールです。この小さな入口から、テキストへとさかのぼり、問われるポイントを抽出していくことで、頭の中の知識のマップが、試験に最適化した形へと整えられていくのです。

「仕事」を超えた、実り多き人生に向けて

　このように、「超シンプルマーキング術」は「<u>試験に強くなる学び方</u>」です。習得した先には、予想以上に多くの実りがあります。

　汎用性の高いこの方法は、さまざまな学びに適用できます。法律系はもちろん、IT系、医療系、歴史や社会などの教養系資格にも効果を発揮します。この方法を使って異なるジャンルの資格を複数取れば、二つ以上の分野で専門性を備えられます。人材としての市場価値が格段に跳ね上がることは、想像に難くないでしょう。

　また、<u>精度の高い思考力</u>を身につけることもできます。出題者の意図を読み取る力がつくということは、他者の思いを汲み取る力が上がるということ。顧客のニーズを知るにも、タフな交渉をするにも、上司や部下と適切なコミュニケーションを取るにも、この力は欠かせないものです。

　さらにいえば、ビジネスパーソンとしてのみならず、個人としての<u>「ものの見方」</u>も変わってきます。世の流れを読んだり、多角的に物事を見たり、何が本当で何が嘘かを見極めたりする力も、着実に上がります。

資格と、その資格を得るための学びは、<u>人生全体を変える契機</u>となるものです。

　どんな資格を取ろうかと考えるとき、自分の興味や憧れの所在が分かります。

　資格取得に向けて勉強するとき、その分野の役割や、世に役立つしくみが分かります。

　そして資格を得るたび、前と違う自分に変われます。

　資格を目指すという行為は、一見極めて実用的な、小さな出発点です。しかしその小さな入口から、「人生の充実」という大海へ、航路が開かれるのです。

　そう、資格とは<u>「人生のコンパス」</u>。

　日々の生活に忙しい人も──忙しい人こそ、コンパスを手に取り、船出しましょう。

　この１冊が、これから皆さんが手にする数多くの発見と喜びの端緒となることを、願ってやみません。

CONTENTS

第2章 要点だけが見えてくる「超シンプルマーキング術」とは？

第3章 「耳学」で得た知識をマーキングで整理する

基礎固め期

第4章 「手学」でマーキングの精度を上げる

実力養成期

第 5 章 「口学」でマーキングを見直す

直前期

第 1 章

準備編

勉強を続けるために
「あえてやらない」こと

実はこれ、しなくても受かる！「しない」心得5カ条

「最小限の努力で最大限の結果を出す」。私がこの本で語る勉強法の、核となる考え方です。

時間をかけずに、実力をつける。効率的に、必要な知識を狙い撃ちする。全力で頑張るのではなく、「少し～普通」レベルの頑張りで、効果を最大化する……。

この考え方は、実際に勉強を始める前段階、つまり勉強するに当たっての「マインドセット」から始まっています。マインドセットといっても、「覚悟せよ」「決心せよ」などといった、厳しいことは言いません。「○○を犠牲にして勉強に充てよう」と強いることもありません。

実際、24時間の中には「犠牲にして良い時間」など、そうあるものではありません。働く時間、家族と過ごす時間、いずれも大切です。食事の時間も睡眠の時間も、おろそかにすると健康を損ないます。

そして「娯楽の時間」も――ダラダラと何時間もゲーム

をするのはさすがに問題ですが、テレビを見てしばし一息、といったささやかな時間まで削るのは、潤いがなさ過ぎます。過度にストイックな姿勢で勉強を続けると、心にも身体にも負担がかかります。かえって勉強を途中で投げ出すことにもつながりかねません。

ですから、肩に力を入れ過ぎないことを、まずは心がけましょう。「試験を目指そうという人間に、なんて常識はずれな！」と呆れられるでしょうか？　そう、私の考えは常識の逆を行っています。しかし常識を外すことによって、私は「結果」を手に入れました。目を血走らせて挑戦していた若い頃よりも、少ない努力で多くのものを得られたのです。

その経験に基づき、皆さんにおすすめしたいのが、以下の「心得５カ条」です。

①朝は早く起きない

多くの資格系指南本が推奨する「早朝勉強」。私は経験上、あまり賛成しません。その理由は、実際に早起きしてみると分かると思います。早起きは決して「三文の得」だけではなく、リスクも伴うのです。

すなわち、早く起きた分、昼間に眠くなるというリスクです。これでは、仕事に支障をきたしますね。とくに、ランチ後に襲いくる睡魔と闘うのは至難の業です。居眠り程度ならまだしも、過失や事故を引き起こしでもしたら、顧客や同僚にも大変な迷惑をかけてしまいます。

　ですから、ここはシンプルに、終業後を勉強に充てるのが無難です。塾や習い事に行くイメージで、夜に勉強しましょう。実際に予備校に通うのも、一つの方法です。
　なお、もともと朝に強い方は、この限りではありません。「起きてすぐに頭が働き出す」「早起きしても夜まで一度も眠くならない」という方は、ぜひ朝に勉強しましょう。

②受験することを周りに言わない

　大きなチャレンジをするときは「この資格に挑戦します！」と公言して後に引けない状況を作ろう、という考え方がありますね。
　しかし、私はおすすめしません。プレッシャーがかかってしまうからです。
　「プレッシャーをかけるために公言するんじゃないか！」と言われそうですが、プレッシャーはむしろネガティブな作用の方が大きい、と私は思います。

心に余計な負荷がかかると、知識が頭に入りにくいのです。「落ちたら周りにどう思われるだろう」といった無意識の恐怖で、勉強に集中できなくなる恐れがあります。

　加えて、もう一つ理由があります。周囲の反応に、モチベーションを削がれる恐れがあるのです。

　こちらが意気込んでいても、相手にとってはあずかり知らぬこと。とりわけ同僚は、その職場で推奨されている資格でない限り、とくに応援しない……というより、「仕事をおろそかにされたら困るな」と考える可能性もあります。これは一緒に働く仲間として、当然起こる心理です。ですから相手が悪いわけではないのですが、結果として、あまりハッピーでない会話になりがちです。素っ気ない反応、悪くすると「え、今から？」などといったネガティブな言葉が返ってきてダメージを受けるかもしれません。

　そのため、家族以外には言わない方が吉です。言うにしても、気を許せる友人だけにとどめましょう。

③「縛り」の発想をしない

「○○しなければならない」「○○してはいけない」という発想にとらわれないようにしましょう。

資格界隈にはとかく、人を縛る言葉が飛び交います。「一日○時間勉強しないと落ちる」などはその代表格です。「この本を読め」の類も、よくある縛りです。

とりわけ難易度の高い試験は、カジュアルなテキストではなく、分厚くて中身も堅苦しい、学術本のような教科書が推奨されることがあります。テキストの世界にも「古典名著」のような本があるのです。

しかし、気にしなくて大丈夫です。名著かどうかより、自分に合うか合わないかの方が大事。内容は結局、同じ分野の同じ知識なのですから、自分が理解しやすい本を選ぶのが一番です。

また、「合格体験記」で合格者が行った方法を、そのままなぞるのもおすすめしません。それはあくまでその人に合った方法であり、「しないと落ちる」わけではありません。ほどよく距離を取りましょう。

④プライベートの小さな幸福を禁止しない

　多くの人が「仕事」だけでなく、「プライベート」という、もう一つの「場」を持っています。資格を目指す間、家族や自分の時間を犠牲にするのは避けたいところです。勉強ばかりで楽しみがなくなったり、家事がパートナー任せになったりするのは良くありません。というより、それでは自分の心の余裕や、幸福感が損なわれてしまいます。

　私の場合、妻が非常に応援してくれていたので、勉強ばかりしていても、不満は言われなかったかもしれません。しかし、私自身がやはり、家族との時間を持ちたかったのです。ですから平日の勉強時間は、片道15分程度の通勤の行き帰りと、寝る前の1〜2時間のみ。食事はできるだけ家族と取り、外食にも行きました。旅行に出かけたこともあります。

　プライベートの時間は、良いリフレッシュになるものです。「何時からは勉強」と決めて、それまでは一緒にいる人との時間を大事にしましょう。そして勉強に入ったら、効率的に、濃く学ぶ。これが良いバランスです。

⑤勉強を「苦」だと思わない

　合格の決め手は、「楽しむ」ことだと思います。勉強が苦でなくなる、夢中になれる――そうなったら、しめたものです。

　夢中になる手立ては一人ひとり違うと思いますが、私の場合は「ゲーム感覚」が推進力になりました。

　「30分の間に何問解ける？」「何項目思い出せる？」といったルールを作って楽しんでいました。

　思えば、「点数を取ってクリアする」という意味でも、資格はゲームと似ていますね。

　「小問はザコキャラで、超難問はラスボス」のようにキャラクターづけをするのも良いでしょう。ゴールを目指す冒険の中で、敵と戦ってレベルを上げているのだと考えてみるのもおすすめです。

02

資格を選ぶための
三つの視点

　すでに取りたい資格が決まっている方は、早速「超シンプルマーキング術」を使った勉強を始めましょう。

　一方で、ステップアップしたい。チャレンジしたい。でも、何から始めれば良いか分からない……。そんなふうに思っている方もいらっしゃるのではないでしょうか。

　世の中には、何百もの資格があります。その中に、きっとあなたの将来を切り開く資格があるはずです。

　そうはいっても、あまりにおびただしい数の資格があるため、決めきれない面があるのもまた事実です。

　その上、心の中の「チャレンジしたい」の中身もまだまだ不明確だとしたら——その曖昧模糊とした思いを、具体的な資格へと落とし込むには、何が必要でしょうか。

　その答えは、一言で言うと、「身の丈にあった資格」にフォーカスする、ということです。

　夢のない響きに聞こえますか？　いいえ、違うのです。

「身の丈」は「身の程」とは違います。「自分はこんなもの」だと諦めよう、という意味ではなく、何かを目指したい心と今の状況の、双方をすり合わせた上でベストなものを選ぼう、という合理的な考え方です。

そのための視点は、三つあります。以下で詳しくお話ししていきましょう。

①憧れ

憧れは、人間の最大の原動力です。義務感で何かを行うのと、憧れを持って自ら行動するのとでは、幸福感がまるで違います。そして、出せるパワーも桁違いです。

そんな憧れの対象を、皆さんは持っているでしょうか。思い当たるものがなくても、大丈夫です。二つの切り口で、憧れを発掘してみましょう。

子どもの頃、憧れの職業はありましたか？　職業とまでは行かなくとも、「こんなことをしている未来の私」というイメージを思い描いたことはありませんか？

私には、そのイメージがありました。教壇に立って、講義をしている姿です。弁護士を目指して司法試験にチャレンジしていた私ですが、最終的には、法律家を育てる教授になりたいと思っていました。学生たちに語りかける、威

厳に満ちた未来の自分を思い浮かべて「きっといつか」と思っていました。

　「自分にはイメージはなかった」「あったけれど思い出せない」という方には、もう一つのやり方があります。それは、「心残り」をたどってみることです。たとえば、「大学では文系に進みたかったけれど、親の反対で理系に行った」とか、就職したときに「本当はあの仕事がしたかった」という経験はありませんでしたか？　それもまた、憧れの一種です。

　そうした夢や心残りを、今から実現させるのは難しいですし、その必要もありません。憧れを掘り起こす意味は、自分本来の、興味関心の形をつかむことにあります。「自分はもともと、こういうことをしたい人間なのだ」と分かると、同じ方向性、同じ分野の資格で面白そうなものはないか？　と、的を絞っていけるのです。

②自分の状況

　憧れが最大の原動力だと言いましたが、「昔、オリンピック選手になりたかった」からといって、今から目指すのは難しい場合が多いでしょう。

人間の心理として、あまりに途方もないものに対しては、挑む気になりません。少しでも「できそう」と思うからこそ、パワーが出るのです。

この「できそう」のラインを見定めましょう。

まず、今の仕事とプライベートの状況を振り返り、どれくらい勉強に時間を割けそうかをイメージします。それをもとに、資格のガイド本、もしくはポータルサイトを見てみましょう。そこには、あらゆる資格の合格率が書いてあり、難易度を把握できます。

難易度を知るには「所要勉強時間」も役立ちます。宅建の場合、300時間、社労士なら1000時間、とされていることが多いようです。とはいえ、あくまで平均値なので、「おおよそ」で捉えましょう。

これらの情報に触れたとき、少しでも「できそう」だと思えたなら——ぜひ、トライすべきです。

③問題形式の向き不向き

資格との相性には、興味関心や能力の他にもう一つ、大事なポイントがあります。それは問題形式です。

「記述式」は、数式や文章や論述など、理論を自分で組み立てて書かなくてはいけない問題形式です。

対して「択一式」は、複数の選択肢の中から正しいものを選び取る形。いわゆる、マークシート方式です。

　記述式の場合、それが得意な人には良いのですが、「知識は入っているのに、うまく表現できない」タイプの人にはあまり向いていません。せっかく十分な実力を持っていても、それが解答に反映されない可能性があるため、注意が必要です。

　択一式は逆に、人を選ばず、実力をフラットに反映します。相性のよしあしが出にくい形式といえるでしょう。

　「超シンプルマーキング術」は、択一式に強い勉強法です。次章で詳しく説明しますが、この方法は「間違いやすいポイント」を狙い撃ちするのが最大の特色。従って、複数の選択肢から正答を選ぶのに、非常に適しているのです。

03

勉強がはかどる「超シンプルマーキング術」実践アイテム

使いやすい「テキスト」の条件

「テキスト」の条件チェックリスト

動画講義にひもづけられている

分厚過ぎない

1冊で完結している

試験範囲全体を網羅している

章末にまとめの練習問題がある

第一印象で「見やすい」と感じる

ポイントが端的に書かれている

書き込みがしやすい

目次が見やすい

索引がついている

テキスト選びを適切にできるか否かは、理解の深さや精度を大きく左右します。

市販のテキストはいずれも、きちんと読んで理解すれば必ず合格できる内容になっています。しかし、自分との相

性が悪ければ、集中して読むことができず、理解が深まりません。ですから、自分に合っているかどうか、自分の感覚を大事にしながら選ぶことが必須です。

加えて、「超シンプルマーキング術との相性が良いか」も重要です。その条件が、左ページに挙げた10カ条です。

……と語った私ですが、実は、偉そうなことなど言えないのです。社労士試験のテキストは、「買ったけど、なんか違う」「これもイマイチ」を繰り返しては、20冊も買い込んでしまいました。そのうち、使ったのは2冊程度。なんと18冊分の失敗を繰り返しているのです。

だからこそ、その教訓をもとに、皆さんに良いテキストの条件を紹介できるのだ、ともいえます。皆さんは私の轍を踏むことなく、以下のコツを意識して、良い出会いを果たしてください。

●動画講義にひもづけられている

私のすすめるテキストの最重要条件は、「聞ける」ことです。テキストに書かれていることと同じ内容を、音声や動画で聞ければ、電車で座れないときも、歩きながらでも勉強できて便利です。とくに勉強の序盤においては、この「耳学」が大いに役立ちます。

QRコードがついていて、動画にひもづく形式のテキス

トが、最近は多く出ています。ネット書店で「動画つき」と条件を入れて検索すれば、すぐに出てきます。

　ただし、そこで即「買う」をクリックするのは待ってください。自分の感覚に合うかどうかを確かめるために、できればリアル書店に足を運んで、同じものを手に取ってみるのがベターです。

●分厚過ぎない

　手に取ってみて「持ち運びが大変そう」だと感じたら、避けた方が得策です。この本で説明する勉強法には「テキストを見直す」という大事なプロセスがあります。重くてかさばるテキストは、出かける際、かばんに入れるハードルが上がり、スキマ時間を活用しにくくなってしまいます。学ぶ内容が多い資格でも、<u>厚み最大3センチ、ページ数は400台をMAX</u>と考えましょう。

●1冊で完結している

　予備校や通信講座で配られるような分冊型のテキストは、外でふと「あの箇所を確認したい」と思い立っても手元にない、ということが起こりがちです。全情報が1冊にまとまっているものを選びましょう。

●試験範囲全体を網羅している

　社労士のように複数科目が存在する資格の場合、まれに「ある分野だけ丸ごと扱われていない」ということがあります。この勉強法では、テキストを事典のように使用する場面もありますので、網羅性は非常に重要です。複数のテキストの目次を見比べて、おおよそ全範囲がカバーされているか、しっかり確認しましょう。

●章末にまとめの練習問題がある

　各章や単元の末尾に、練習問題のついているものがおすすめです。それは、問題を「解くため」というより、「読むため」です。内容をインプットした後、問題を見て「こういう内容なら、こういう問題が出るのか」と考える習慣が大切なのです。その感覚を養うと、試験問題を解く「基礎体力」がつきます。

●第一印象で「見やすい」と感じる

　手に取った本をめくって、第一印象を確かめましょう。文章が頭に入ってくるか、文字が大き過ぎたり小さ過ぎたりしないか、図や表が見やすいか、などを五感と照らし合わせ、判断しましょう。

●ポイントが端的に書かれている

パラパラと見ていて「ここがポイントらしい」と初見でなんとなく分かるテキストは、良いテキストです。重要なところ、そうでないところがメリハリよく見分けられ、分かりやすく伝わるものを選びましょう。

●書き込みがしやすい

「超シンプルマーキング術」では、テキストに書き込みをします。行間が詰まり過ぎていないか、上下左右にコメントを書き込める余白があるかをチェックしましょう。

●目次が見やすい

テキストを前から順に読むだけでなく、ランダムに開く場面が多いのも、この術の特徴です。目次が見やすければ、その作業が迅速になります。小見出しまで載っているなど、情報量が多く、整理されているものを選びましょう。

●索引がついている

索引も必須です。調べたいことをピンポイントに調べられるという意味では、目次以上に重要です。とくに「超シンプルマーキング術」では索引を多用するので、必ずついているものを選びましょう。

最重要アイテム「一問一答問題集」の選び方

「一問一答問題集」の条件チェックリスト

- ☐ ○×形式になっている
- ☐ 問いと答えが見開きで載っている
- ☐ 解説が載っている
- ☐ テキストとの一致度が高い
- ☐ 試験範囲全体を網羅している
- ☐ 目次が見やすい
- ☐ 問題数が多い
- ☐ 持ち運びがしやすい
- ☐ 文字が大きく、読みやすい
- ☐ 補助的に一問一答アプリを使う

　資格試験の問題集には多種多様なものがありますが、皆さんに選んでいただきたいのは、「一問一答形式」の問題集です。どんな資格にもたいてい、一問一答問題集があるはずです。

　ところで皆さんは、一問一答問題集というアイテムに、どんなイメージを持っていますか？

　「ハンディでコンパクト」

　「スキマ時間に眺める予備的な副教材」

　「基礎的な内容の確認に使う」

　といった、カジュアルなイメージではないでしょうか。

たしかに、間違ってはいません。ほとんどの一問一答問題集は、基本的な知識を身につけるためのツールとして作られています。

しかし、この本で語る勉強法においては、それ以上の大事な役割を果たします。テキストと並ぶ最重要アイテム、それが一問一答問題集です。以下の条件をもとに、ぜひ吟味して選んでください。

●〇×形式になっている

一問一答問題集には、主に2種類あります。答えを自分で出させるタイプのものと、正誤を判断させる〇×形式のものです。このうち、選ぶべきは〇×形式です。

正誤を問うということは、「どこが間違いやすいか」にフォーカスされているということです。一見シンプルな形式ですが、間違いやすいポイントと、その問われ方を攻略すれば、「試験に強い体質」になれるのです。

●問いと答えが見開きで載っている

ページをめくれば答えが出てくる形式よりも、できれば見開きで問題と解答を双方見られるものを選んだ方が良いでしょう。この勉強法では、問題集を「解くため」ではなく「読むため」のツールとして使います。ですから、解答を隠して解けるものではなく、解答まで一覧できるものが

向いているのです。

●解説が載っている

　解答と一緒に、解説も書かれているものを選びましょう。これも一覧性を重視しているからですが、移動中に読むときもこの方が便利です。「ここ、どうしてこうなるんだっけ？」と思ったとき、いちいちテキストをひっぱり出さなくても、問題集の解説で事足りるからです。

●テキストとの一致度が高い

　この勉強法では、一問一答問題集を読み、テキストに戻って理解を深める、という作業を繰り返し行います。ですから、問題集とテキストの連動性が高いほど効率的です。

　どちらも条件に合えば、セットで出ているテキストと問題集を買うのが理想的ですが、違っても対照しやすいものならばOKです。テキストの目次と問題集の目次を見比べて、チェックしてみましょう。

●試験範囲全体を網羅している

　テキストと同じく、いえ、それ以上に、一問一答問題集は網羅性が命です。この本でお話しする勉強法は「問題集」を入口に知識を身につける方法です。そのため、出題内容に抜け漏れがあった場合、該当分野の深い知識へのアクセ

スに苦労する可能性があります。もちろん、その場合の対応策もありますが、事前に注意しておくに越したことはありません。他のテキストや問題集と目次を照らし合わせて、不足がないかチェックすると確実です。

●目次が見やすい

　網羅性の確認に欠かせない「目次」ですが、見やすさも同時にチェックしましょう。構成が端的に分かりやすいか、文字が読みやすいか、ページ番号が分かりやすいか。それらがクリアされていれば、後々の作業が短縮できます。

●問題数が多い

　問題数が多いということは、同じテーマをいろいろな角度で聞いてくる、ということです。多くの問題をこなすうちに、どのような聞かれ方をしても答えられる力がついてきます。

●持ち運びがしやすい

　「テキスト」の選び方で、勉強法の中に「テキストを見直す」という重要なプロセスがあるとお伝えしましたが、「一問一答問題集を読む」というプロセスもまた、不可欠なものです。移動中に持ち運び、時間が空いたときにすぐ使えるよう、コンパクトで軽いものを選びましょう。ただし、

軽くとも問題数が少ないものは NG です。「サイズ vs 問題数」ならば、問題数を重視しましょう。

●文字が大きく、読みやすい

　一問一答問題集は、移動中に使うことも多々あります。細かい文字のものは目が疲れるので、できれば文字サイズの大きいものを選びましょう。ただしこちらも「問題数優先」で考えてください。

●補助的に一問一答アプリを使う

　「問題集を家に忘れた」「電車が混んでいて本が出せない」というときに役立つのが一問一答アプリです。気に入ったものをインストールしておくと、5分以下の短いスキマ時間も、スマホを出すだけで問題に当たれて重宝します。

文房具は「後から消せる」ものを

●書き込み直し・線の引き直しを前提に選ぶ

　「超シンプルマーキング術」では、テキストに書き込んだり、紙に図を描いたりする作業が多くなります。そのとき使う筆記用具は、後から消せるものにすることが大事です。

　何かを勉強し始めたばかりのとき、テキストを見ながら

重要ポイントをマーカーで強調しようとして、気がつくと「ほとんど全部の行に引いてしまっていた！」という経験はありませんか？　インプット初期においては、何が重要か、重要でないかがよく分からないため、しばしばこういうことが起こります。

　しかし、慣れるに従って理解も深くなり、頭の中でポイントが整理されてきます。その段階になって、これまで何度か開いたページを見たときに、「なぜ、こんなところに線を引いたんだ⁉」となることもよくあります。そのラインがもし、消せない筆記用具で書かれていたら……過去の自分に文句を言いたくなりますね。そういうわけで、書き込みには鉛筆や、消せるボールペン、消せるマーカーなどを使った方が良いのです。

　後ほど詳しく述べますが、「超シンプルマーキング術」では、書き込みをやり直す機会がしばしばあります。まずは鉛筆で、次に書き直す際は消せるボールペンで、などと、やり直すたびにツールや色を変えていくのもおすすめです。前の書き込みを消しても、自分がどこまで理解を深めているか、見て確認できます。
　とはいえ、終盤でも「消せる」ことが大事です。理解は日々たゆみなく進歩し、更新できるのですから。

●消す作業が面倒なときは、ふせんも便利

「消す前提」のメリットはもう一つあります。<u>思い切り</u><u>よく書ける</u>、ということです。

書き込みやメモの目的は、「理解するため」です。ところが、「きれいに書かなくては」ということが目的化してしまうと、そちらに気を取られて肝心の知識が入らないことがあるのです。

消せる筆記用具ならばその心配もなく、思いつくままに書き込めます。結果、思考力が活性化します。まだ知識が入りきっていない序盤ほど、この自由さが大切です。

「消したり書き直したりするなんて、面倒では？」と思われる方もいるかもしれませんね。しかし、手を動かして書く作業には、それだけの価値があります。ラインを引きながら読み、目と手を同時に動かすことで頭に入りやすくなるのです。

「だとしても、書くのはともかく、消すのが面倒！」と思う方も、きっといるでしょう。そんな方には、ふせんがおすすめです。小さいサイズのふせんを用意し、大事な行や語句のそばに貼るという方法です。先端をはみ出させて使うだけではなく、ページの上に貼ればマーカー代わりになりますし、メモも書き込めます。剥がして捨てるだけなので、リセットも簡単です。

ふせんといえば――先日街中で「ポイント」「確認」など
の文字とイラストの入った半透明ふせんを見つけました。
うまく使って勉強すると、文字を書く手間も省け、かわい
いイラストで気分も上がり、勉強をより楽しめるのではな
いかと思います。

●すでにカラフルなテキストには鉛筆で

マーカーやふせんの色分けには、私自身はさほどこだわ
りませんでした。「ここは青、ここは緑」というふうに、
規則性を設けてラインや印をつける方もいますが、「超シ
ンプルマーキング術」では、その作業は「マスト」ではあ
りません。色分けした方が頭に入りやすい人は色分けする
もよし、シンプルにやりたい人は１色だけで書くもよし。
好みに合わせて、自由に選んでください。

テキストとマーカーの色の相性についても、気になる
人と気にならない人がいるようです。昨今のテキストはカ
ラフルなものが多く、そこにさらにマーカーの色を増やす
と「目が疲れる」という人も。私はまったく気にならない
タイプだったのですが、もし気になるならばマーカーは使
わず、鉛筆や、消せるボールペンで書きましょう。

●スケジュール帳は必ず鉛筆で書く

　何度でも書き直せる方が良いのは、スケジュールに関しても同様です。なぜなら、<u>予定はたいてい狂うものだから</u>です。そんなときに勉強計画をどんどん書き換えられるよう、私は必ず鉛筆で記入していました。

　予定通りに進まなくても、自分を責めないことが肝要です。「今日もまた後ろ倒ししてしまった」「今週中に、ここまで進むはずだったのに！」などといったことは、一切考えなくて OK です。仕事をしながら勉強しているのだから当たり前だ、と柔軟に構えましょう。勉強のスケジュールは仕事のスケジュールと違い、予定を変更したところで人に迷惑をかけるわけではないのですから。

　「でもそれでは、試験日に間に合わないのでは？」と考えた皆さん、ご心配なく。この勉強法では、最初にスケジュールを組む際、試験直前の 1 〜 2 カ月を「復習期間」として取り置きます。もちろんその期間もやることはありますが、「バッファ」としての役割も大。ですから、少々遅れても焦る必要はありません。

　次ページからは、そのスケジューリング方法についてお話ししましょう。

最短で知識が身につく
全体スケジュールの立て方

取りたい資格の「必要勉強時間」を調べる

　「この資格にチャレンジしよう！」と思い立ったら、最初に行うべきは「スケジューリング」です。

　どんなに良いテキストや問題集があっても、計画なしに突き進むのは危険です。いつまでに、どこまで知識をインプットするか、という予定を立てることが欠かせません。

　そこで、資格試験専用のスケジュール帳を用意しましょう。システム手帳のような大がかりなものである必要はありません。マンスリーのみの、薄手のものが1冊あれば十分です。

　手帳を用意したら、ガイド本もしくはポータルサイトを見て、取りたい資格の「必要勉強時間」を改めて確認しましょう。その数字は平均値ではありますが、「だいたいこれくらいかかる」という目安になります。

次いで、<u>自分が毎日どれくらいの時間を勉強に割けるか</u>を予測しましょう。あくまでたとえばのお話ですが、平日に1時間、土日でトータル10時間勉強するとしたら、1週間の勉強時間は15時間、月にすればだいたい60時間となります。「必要勉強時間」をその数字で割ると、おおよそ何カ月ぐらいの期間、勉強すれば良いかが分かります。

　次は、<u>試験日程の確認</u>です。勉強に必要な期間が9カ月だとして、9カ月後に一番近い試験日程はいつかをチェックします。9カ月より手前に近い日程があるなら、「少しタイトに組もう」と思うもよし、「その次の日程にして、ゆっくり進もう」と決めるもよし。そうして決めた試験日が、「ゴール地点」となります。

全体の勉強スケジュール

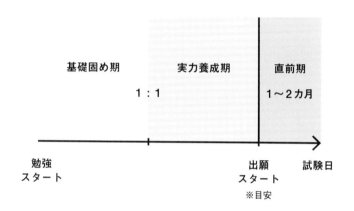

週明けから勉強を始めて、試験日がゴール、という大枠が決まったら、次はその期間を3分割します。この本で紹介する勉強法には、以下の三つの期間があるからです。

①基礎固め期

②実力養成期

③直前期

まず、③の直前期を取り置きます。この期間に当たるのは、試験日直前の1〜2カ月間です。多くの試験が試験日の1〜2カ月前に出願開始となりますから、出願開始時期を目安に、その期間を丸ごと除外しましょう。これが、先ほど述べたバッファ期間です。

逆にいうと、試験日の１〜２カ月前までに、知識のインプットを全部済ませておこう、ということです。インプットを終えた後も余白があると思えば、心理的に楽ですね。

　ただし水を差すようですが、バッファ期間にも「復習」がありますし、過去問に当たるなど、直前期ならではの勉強があります。その他、願書を取りに行ったり、必要書類をそろえたりといった用事も発生します。「少々遅れても大丈夫」とは言いましたが、一応、念頭に置いておいてください。

　なお、出願期間は資格によって違うので、直前期より前に終了してしまう場合もあります。スケジュールを立てるタイミングで、よく確認しておきましょう。

一問一答の問題を「日割り」する

　直前期を除外したら、その手前にある期間を、半分に分けましょう。８カ月あるなら、基礎固め期が４カ月、実力養成期が４カ月です。この各期間でやるべきことを、割り当てていきましょう。

基礎固め期では、一問一答問題集を「1周」します。ですから一問一答のページ数（もしくは問題数）を月ごとに割り、それをさらに週ごとに割り、最終的には日割りで「〇〜〇ページまで」というふうに当てはめていきます。

　「4カ月で1周か、かなりゆったりしているな」と思われたかもしれませんが、そうでもありません。この時期は、動画講義を見る時間なども多いので、意外と時間がかかると思っておいてください。

　次の実力養成期では、一問一答問題集を「2周」します。従って、基礎固め期の2倍のページ数（もしくは問題数）を割り当てていくことになります。

　またまた繰り返しますが、予定は狂うものなので、何度でも書き換える前提で仮決めし、その計画をスケジュール帳に書きましょう。思ったより時間がかかれば遅らせても構いませんし、逆に、思ったよりもスムーズに知識が入れば、ペースを上げてもOKです。実力養成期は2周、と言いましたが、それは「少なくとも2周」という意味です。3周できるなら、ぜひ3周しましょう。

無理なく勉強を続けられる週間スケジュールの立て方

「問題集」で日割りをする理由

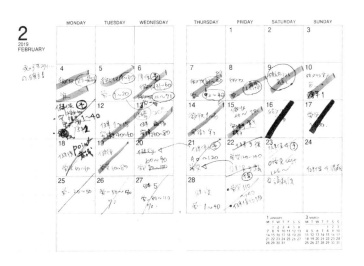

　ここまでの話で、皆さんは「ある疑問」を持たれているかもしれません。

　「普通、日割りをするならテキストを分割していくものなのでは？」「なぜ問題集で分けるの？」と。

たしかに、勉強をするときは通常「テキストを読み、問題集に当たる」という順番で進めますね。

しかし、この勉強法は違います。問題集をまず見て、テキストへと「逆走」するのが最大の特徴。ですから、問題集をベースに日割りをするのです。

そのメリットは第2章で説明しますが、スケジュールを組む作業においても、この方が便利です。なぜなら、一問一答問題集は構成がシンプルだからです。前ページに載せた私の勉強計画のように、問題を単純に割り振れば良いだけなので簡単ですね。

「バッファ」は週ごとにもある

もう1点、皆さんは不安を感じているかもしれません。先ほど私が、「直前期にもいろいろやることがある」と言ったせいで、「なんだかんだいって、バッファがあっても間に合わないかも」と思われたのではないでしょうか。

この点も、心配ご無用です。なぜなら、週ごとのスケジュールにもバッファがあるからです。平日の5日間で少々遅れても、その都度、週末に追い上げれば良いのです。

平日に割くことのできる勉強時間は、決して長いものではありません。行き帰りの通勤時間とスキマ時間、加えて

夜の1～2時間程度でしょう。しかし、「今日の分は今日中に終わらせなければ！」と徹夜で頑張るのは考えものです。翌日の仕事に響くだけでなく、疲労がたまって途中で挫折する恐れがあるからです。

　「では平日は捨てて、週末に丸投げということ？」と思われたでしょうか。それもまた違うのです。平日と週末の勉強は、それぞれ違った意義があります。
　平日：勉強の「習慣」をつける日
　週末：勉強を一気に「進める」日

　勉強は、毎日少しずつでも続けることが不可欠です。毎日続けることとは、すなわち習慣化することです。平日に少しずつでも勉強すると、やがて「お風呂に入らないと気持ち悪い」と感じるのと同じように、「勉強しないと気持ち悪い」と思うようになります。
　毎日の勉強は、記憶の定着にも欠かせません。毎日同じ問題集やテキストを開いて同じ情報に触れることで、記憶が積み重なり、確かな知識になるのです。

週末に来週分の問題をコピー

　週末は、平日に遅れた分のキャッチアップも含め、勉強を「進める」日です。ですから、目指す資格にもよりますが、たっぷりな時間を充てるのがベストです。「この日曜は家族のために」などと決めた週以外は、平日の遅れをなるべく取り返す時間と考えてください。

　週末は勉強以外に、もう一つやることがあります。それは、問題集のコピーを取ることです。次の1週間で勉強する分のページを、すべてコピーしておきましょう。

　このコピーは、「超シンプルマーキング術」で図を作るときに使います。また、一日分だけをバッグに入れ、スキマ時間に読む、といった使い方もできます。

　「すべてコピーを取るなんて、お金も手間もかかる！」と思われる方もいるでしょう。この方法は、問題文を書き写す労力を減らし、より効率よく学習を進めるために編み出したものです。「せっかくコストをかけたのだから、やらないと」という心理効果を狙っているものでもあります。

　しかし、近くにコピーを取る機械がない、コピー代を抑えたい、といった場合には、文章を手書きで写しても、同じ問題集をもう1冊買って切り貼りしても構いません。

集中できる環境を見つけよう

　家以外で勉強できる場所を見つけておくことも大事です。たとえば、自習室です。自習用のスペースを設けている図書館や予備校が近くにある場合は、ぜひ活用しましょう。有料の自習室やコワーキングスペースを利用するのも手です。同じ空間に、自分と同じく何かを目指して真剣に勉強している人がいると、気持ち的に励みになるものです。

　そのお店が許容していれば、ファミリーレストランや喫茶店もおすすめです。私はよくチェーンカフェで勉強をしました。自習室のように静かではありませんが、そこにも意味があります。

　試験中に鉛筆を走らせる音など「周囲のノイズで気が散る」タイプの方にとって、良いトレーニングになるのです。公共空間で勉強する習慣をつけると、雑音がいちいち気にならなくなります。

　また、周囲に人がいると、なんとなく「サボれない」気持ちになります。結果、集中力が上がって勉強が進むのもメリットです。お店が長時間滞在を禁止していないかなどの配慮は忘れずに、利用してみるのも良いでしょう。

おすすめのリフレッシュ方法

この本では基本的に、「ハードではない」勉強法についてお話ししています。

とはいえ、毎日少しでも勉強を続けるということは、年中無休に近い形であることもまた事実です。疲労してしまう場面は、やはり1度や2度は出てきます。

ですから、こまめにリフレッシュを心がけましょう。私の場合、ときどきスポーツジムに行っていました。汗を流して、ジムのお風呂に入ると気分スッキリ。帰宅後の勉強も頭に入りやすかったように思います。運動し過ぎると眠くなってしまう、というデメリットもありましたが……。

皆さんはぜひ、もっと良いリフレッシュ方法を見つけてください。一つだけ気をつけていただきたいのが、何をするにしても「終わり時間があるもの」にすることです。

たとえば、ゲームは始めると切りがなくなりがちなので危険です。漫画も、巻数の多いものではなく、1巻で完結するものにしましょう。その他、「決まったコースを散歩する」「お茶を入れてケーキを食べる」も良いですね。終わるとともに、スムーズに勉強に戻れます。

第 2 章

要点だけが見えてくる「超シンプルマーキング術」とは？

勉強内容の「本質」を
ピンポイントで見抜く
思考の型

問題集からテキストへ「逆走」する理由

　この章ではいよいよ、「超シンプルマーキング術」について解説していきましょう。

　まずは概要を説明します。「超シンプルマーキング術」を使った勉強法は、大きく四つのステップに分けられます。

　①一問一答問題集を見る

　②テキストの該当部分を見る

　③型に当てはめる

　④テキストに書き込みをする

　このように、問題集をテキストよりも先に見る「逆走」方式が特徴です。なぜこのような方法をとるのか、その理由と、メリットを説明しましょう。

　ここで突然ですが、皆さん。そもそも、「問題」とは何だと思いますか?

　私の考えでいうと、問題とは、出題者からこちらに手渡

される「末端」です。試験本番の大きな問題にせよ、手元の問題集の小さな問題にせよ、それは同じです。

　問題という末端部分の背後には、「ひとまとまりの知識」があります。この、ひとまとまりの知識をあらゆる角度から切り取って、出題者は問題を考えています。──「ここを理解できているかな？」「これとこれの違い、分かっているかな？」「そもそも、しくみは把握しているかな？」というふうに。

　ならば、我々解答者はどうすべきか。「出題の意図」を、狙い撃ちしていけば良いのです。この考え方が、私が語る勉強法の基盤です。

　そこでまずは、ステップ①。一問一答問題集の問題を見ることから始めます。この段階では答えが分からなくとも、「何を聞かれているか」は分かりますね。「これを聞くということは、大事なことなんだな」と想像もつきます。

　次にステップ②。その前提を念頭に置きながら、テキストで問題の該当部分を読んでいきます。あらかじめポイントを意識した上で読むので、普通に読むよりもはるかにメリハリよく、情報が頭に入ってきます。

問題を中心に、知識を図にする

　次に、1枚の紙の上にこのような図を作ります。

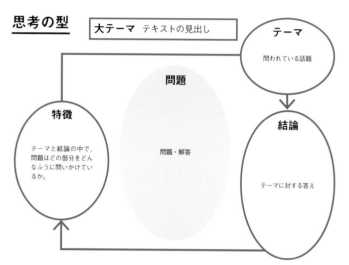

　ここからが肝です。この図を描く目的は、知識を整理し、頭の中を整理すること……なのですが、ただテキストに書いてあることをまとめているのではありません。「出題の意図」を見極めるために、図を作ります。

　中央の大きな丸には、問題とその答えを書きます。そして、周りの三つの丸に書くのは、「テーマ」「結論」「特徴」です。
　テーマとは、「問われている話題」のことです。

結論とは、テーマに対する答えに当たります。テーマが「〜の理由は？」なら、結論は「〜だから」というアンサーになります。

　そして特徴とは、そのテーマと結論の中で、問題はどの部分をどんなふうに問いかけているか、ということです。

　「最初から、そんなこと分かるのか？　書けるだろうか」と不安に思われるでしょうか？

　ここで、大事なことをお伝えします。「テーマ・結論・特徴」は、皆さん自身の解釈で書いて構いません。何か正解があって、その通りに書かなくてはいけないものではない、ということを覚えておいてください。

　もちろん究極的には、出題者の意図が「正解」に当たるのでしょう。しかし、ご本人に会って確かめられるわけでもないので、目の色を変えて追求しなくても大丈夫です。

　より重要なのは、出題者の意図を意識しながら「自分で思考する」プロセスです。

　問題を見て、テーマは何かを考える。テキストに戻って、どんな答えが出ているかを考える。問題とテキストの双方を読みながら、どんな聞かれ方をしているのかを考える。

　そうした思考の過程が、語られている話題の何が問題になりやすいか、という要点の理解につながるのです。

この思考法で、どんな資格にも強くなれる

　図に整理できたら、図の「テーマ・結論・特徴」に記入した内容をテキストに書き込みます。

　1周目より2周目、3周目と、回数を重ねるたび解釈の精度も増すので、内容を書き換える機会もあるでしょう。

　問題集に載っている問題数が多いほど、同じテーマの中のいろいろな要素を、いろいろな角度で問われます。ですから、描く図の数が増えるに従って、知識が網目状に連なり、理解が総合的になっていきます。こうして、シンプルな〇×式の問題集から、高いレベルの理解に至ることができるのです。

　ここで得られるものは、試験で問われる内容の理解にとどまりません。出題者の意図ベースで考える思考法が身につけば、どんな資格に関しても、素早い理解と戦略的な解答ができるようになるのです。

　とはいえ、概略だけではいまいちピンとこない……という方もおられるでしょう。

　次からは、実践を交えて解説していきます。きっと、「最小限の努力で、最大限の結果を出せる方法」だと語った理由が、お分かりいただけるはずです。

出題者の意図が分かる
シンプルな６ステップ

思考の型

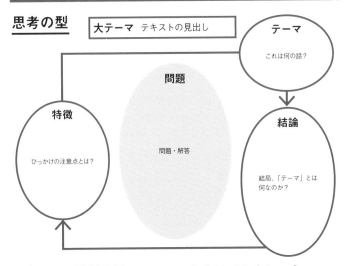

大テーマ　テキストの見出し

テーマ

これは何の話？

問題

問題・解答

特徴

ひっかけの注意点とは？

結論

結局、「テーマ」とは
何なのか？

　改めて、問題分解フォーマットを見てみましょう。

　中央に「問題と解答」を記した大きな丸があり、その周囲を衛星のように、「テーマ」「結論」「特徴」という、三つの丸が配置されていますね。

　この図は、いきなり作るものではありません。この項では、どのようにしてこの図を描いていくか、具体的に説明しましょう。

①一問一答を見る

　最初に、問題を見ます。すでにご存じの通り、目的は「解く」ことではなく、「読む」ことです。

　読みながら、「これは何の話？」と考えてみましょう。これが、テーマの設定です。

　たとえば「Aには、△△と□□の2種類がある。○か×か？」と問われたとしたら、テーマはAだということです。

　もっと問題文が複雑で、テーマが分からない、と感じることもきっとあるでしょう。その場合は自分の解釈で「これはこういう話題だ」と決めてしまって構いません。

②テキストの該当箇所を参照する

　次に、このAというテーマについて書いてある、テキストの該当箇所を参照します。

　ここで役立つのが、索引です。巻末の索引からAを見つけましょう。すると、Aについて説明されているページのページ番号が分かります。

　複数並んでいることもありますが、メイントピックとしているページは太字で示されていることが多いので、まずは太字のページを見ると良いでしょう。

　もしも選んだ問題集に索引がなければ、目次から探し出

すことをおすすめします。

③図を描き始める

Ａの出ているページを開いたら、その見出しを確認します。見出しは、いわばＡを包含する上位カテゴリーです。

そこまで確認した段階で初めて、図を描くための紙の登場です。使用するのは、ごく普通のＡ4の紙で構いません。これを台紙にします。

次いで、週末に問題集をコピーしておいたものを出し、問題文と解答の部分を切り取り、紙の中央に貼ります。

のりでベッタリ貼るのではなく、取り外ししやすいようにしておきましょう。マスキングテープや、小さい輪にしたセロハンテープで簡易的に接着するだけでOKです。

問題と解答を貼ったら、それを大きな丸で囲みます。

そして台紙の上のあたりに、先ほど確認した見出しを書きます。これが大テーマです。

次いで、中央の丸の右上に、問題から考えたテーマを書き、丸で囲みます。

④結論を書く

結論に何を書くかは、テキストの該当部分を読んで判断します。ここが、思考力の使いどころです。

書くべきは、「Aとは何ぞや」ということです。それをテキストから読み取りましょう。

テキストには、問題集よりはるかにたくさんの情報が書かれています。Aにはこういう目的があって、こういう決まりがあって、こんな例外はあるけれど、だいたいこういう原則で……など、いろいろ書いてあるはずです。

その中から「で、結局、Aとは何なのか？」を見つけ出して、中央の丸の右下に書き、丸で囲みます。

こちらもテーマと同じく、自分の解釈で書いて構いません。大事なのは、合っているか間違っているかではなく、「情報全体から、本質を掘り起こそうとする思考をした」ということだからです。

⑤特徴を書く

ここまでの段階で、問題、および「この問題で話題にされていること（＝テーマ）は、こういうこと（＝結論）である」という情報が整理されました。

では改めて、中央の丸（問題）と、右の二つの丸（テーマ、結論）を見比べてください。「テーマ」「結論」という関係の中で、問題はどの部分を、どんなふうに問いかけているでしょうか。それが「特徴」です。「ひっかけの注意点」ともいえるでしょう。テキストや、問題集の解説を見るとそれが見えてきます。

　①で挙げた例を、再び登場させましょう。
　「Aには、△△と□□の２種類がある。○か×か？」という問いならどうでしょうか。
　正解が○だった場合は、「△△と□□の２種類だ」ということをしっかり覚えておこう、という判断ができます。
　対して正解が×だった場合は、「▽▽もあるから３種類じゃないか！」「△△ではなくて、☆☆と□□じゃないか！」など、「×であるポイント」が見えてきます。
　これらの発見によって、出題者の意図が分かります。出題者は、こちらが語句や数をきちんと覚えているかを試すために、テーマや結論をちょっと変えたり、変えなかったりしながら、私たちがひっかかるのを待っているのです。

⑥テキストにマーキングする

　図を描く目的は、テーマに関する知識と、聞かれやすいポイントについて考えた思考を「見える化」すること、つまり「外に出す」ことです。

　こうして思考が整理された段階で、もう一度、テキストを見ます。書いたテーマや結論の部分に下線を引いたり、マーカーを引いたりして強調しましょう。

　次いで、特徴部分を書き込みます。「△△と□□と▽▽の3種類である」といったテキストの記述を、下線などで目立たせるのもおすすめです。「☆☆と□□の2種類である」といったテキストの記述のそばに、「△△ではない、注意！」などのコメントを入れるのも良いでしょう。

　最後に、図を描いた紙の端あたりに、テキストの該当ページのページ番号をメモしておくと、見直すときに効率的です。メモが面倒なら、テキストの該当ページの端を折ったり、ふせんを貼ったりしてもOKです。

　図を描いた紙は、2周目に入ったらまた使うので、捨てずに保管しておきましょう。

03

ひっかけ問題に頻出の
特徴6パターンを見つけよう

　出題者の意図を読むとは、言い換えると「出題者がひっかけたいポイントを知る」ということです。

　向こうは、「生半可な知識の持ち主に、やすやすと資格はやらん！」と、間違いそうなポイントにワナをしかけてくるのです。ならばこちらも、受けて立ちましょう。あちらが用意するひっかけ方を知り、その部分の知識を固めれば良いのです。

　ひっかけ方は、実に多種多様です。それを私は、おおよそ六つのパターンに分類してみました。

●①原則に対する「例外」を把握しているか試すパターン

　テーマと結論との間には、「ここでは、こうなる」といった原則があります。その中でときどき「ただし」などの接続詞とともに、例外が設けられます。この例外を理解できているかどうかを問うてきます。

●②**類似概念と混同していないか試すパターン**

　似ているけれど少し違う言葉と入れ替えて、「いや、違う！」と区別できるかどうかを試してきます。

●③**反対概念と混同していないか試すパターン**

　正反対の言葉と入れ替えて、「逆じゃないか！」と気づけるかどうかが試されます。

●④**数字を変えてくるパターン**

　「30名以上」「100万円以上」などの数字部分をわざと変えて、正確に記憶できているかどうかを試してきます。

●⑤**時期や期間を変えてくるパターン**

　「『死亡時』から発効する」など、タイミングや期間を記憶できているかを問われます。「○カ月以内に」というふうに、数字パターンと共通していることもあります。

●⑥**条件が不足している・過剰なパターン**

　いくつかの条件を挙げながら、どれかをわざと書かなかったり、余計なものをくっつけたりしてきます。

　以上の6パターンは、「もれなくダブりなく」組まれたものではありません。六つのどれにも当てはまらないもの

もありますし、解釈によって①とも④とも取れる、といったことも起こります。とはいえ、「おおよそ」この6種類を覚えておけば、受けて立つ準備はできます。

ですから、パターン同士が重なるからといって、「これはいったい、どちらのパターン？」という点に頭を悩ませる必要はありません。パターンは、間違いやすいポイントの勘所をつかむための「おおまかな」手がかりです。

目的はあくまで、正しい知識と、誤った知識がきちんと見分けられるようになることにあるのだ、と覚えておいてください。

次ページからは、六つのパターン別の例題を通して、ひっかけ方をさらに深掘りします。

堅苦しい言葉が出てきますが、例題の内容を理解せよ、と言っているわけではありません。目的は、ひっかけ方の「雰囲気」と、図の作り方の「要領」を知っていただくことです。問題自体を熟読する必要はありませんので、全体をざっくりとつかむ感覚で見てみてください。

パターン①　原則に対して例外がある

思考の型

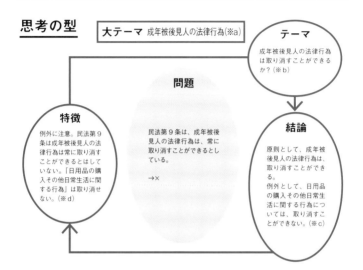

テキスト

テーマ：成年被後見人の法律行為は取り消すことができるか？（※b）

1. 成年被後見人の法律行為（※a）

原則として、成年被後見人の法律行為は、取り消すことができる。**例外**として、日用品の購入その他日常生活に関する行為については、**取り消すことができない。**←結論（※c）

特徴：例外に注意。民法第9条は成年被後見人の法律行為は常に取り消すことができるとはしていない。「日用品の購入その他日常生活に関する行為」は取り消せない。（※d）

左下の四角で囲まれた文章は、問題を解くために必要な知識が説明されているテキストをイメージしたものです。手書き風の文字は書き込みを、マーカー線はマーキング箇所を示しています。テキストの内容と重なるため、この本では問題集の解説は省略しています。実際の試験勉強に取り組む際には、本文の流れに沿って、○×問題の解説もよく読みましょう。

●本当に「常に」なのだろうか？

　一つ目のパターンは、「例外」でひっかける問題です。

　問題と解答を見ると、「成年被後見人が云々」と書いてありますね。成年被後見人とは、成人ではあるけれども、ご高齢だったり病気だったりして、他の誰かに後見してもらう必要のある人、ということです。

　そういう人が、もし「法律行為」をしたらどうなるか。たとえば、こんなケースです。「勝手にマンションの購入契約をしてしまった！　ウチにそんなお金なんかない！」——そんなことになったら大変ですね。

　問題文は、そうした成年被後見人の行為は、常に取り消すことができるでしょうか？　と聞いてきています。解答を見ると、その答えは、×です。例外が云々、と書いてあるので、「常に」ではないのだな、ということが分かります。

そこまでつかんだら、テーマを決めます。図のように、「成年被後見人の法律行為は取り消すことができるか？」としても良いですし、「成年被後見人の法律行為を取り消すことができる場合・できない場合」なども良いでしょう。

●何が例外なのか、をつかむ

次いで、テキストに当たります。テーマの中心ワードである「成年被後見人」を索引で探して、該当ページを開きましょう。そのページにはきっと、テキストのように、「成年被後見人の法律行為」といった見出しが出ているはずです。図を作るときは、この言葉を「大テーマ」として、四角で囲みます。

次に、テキストの記述を読みます。そこには、解答に添えられている解説（この本では省略しています）と同じ主旨のことが書いてあります。すなわち「原則として、成年被後見人の法律行為は、取り消すことができる」。どうやら、マンションの契約は取り消せそうですね。

さて、その記述に続くのは、「例外として、日用品の購入その他日常生活に関する行為については、取り消すことができない」という一文です。

以上の情報をもとに、結論を抽出します。これも、書き

方は自由です。「原則としては取り消せる。が、日用品（中略）に関しては取り消せない」という主旨のことを右下に書いて、丸で囲みましょう。

　なお、書き方は自由だと言いましたが、大事な語句は正確に踏襲しましょう。「日用品」「日常生活に関する行為」という言葉を変えてしまうと、誤った知識がインプットされてしまうので要注意です。

●「常に」「絶対に」は疑ってかかれ

　最後に、特徴を書きます。問題文のひっかけポイントは、「常に」という一言でした。本当は例外があるのに、例外などない、という書き方をしていたわけです。

　このように、「常に」「絶対に」「必ず」といったワードが問題文の中にあれば、それは怪しいポイントです。「これ、パターン①でひっかけようとしているのかも？」と、疑ってかかりましょう。

　以上を踏まえて、特徴を書きます。「日用品の購入その他日常生活に関する行為」という例外部分のワードを、再度、正確に書きましょう。繰り返しにより、大事な言葉がきちんと記憶されます。

　なお、同じテーマでも別パターンのひっかけ方をしてくることもよくあります。

たとえば、同じ「成年被後見人の法律行為」というテーマを取り上げつつ、「例外として、『生活必需品』の購入その他……」というふうに、語句を少しだけ変えてくるひっかけです。「生活必需品じゃなくて、日用品だよね？」と分かれば正解を出せます。

このひっかけ方が、次に紹介するパターン②の「類似」です。別の例題で、どんな類似ワードをしかけてくるかをつかんでみましょう。

パターン② 類似概念との混同

思考の型

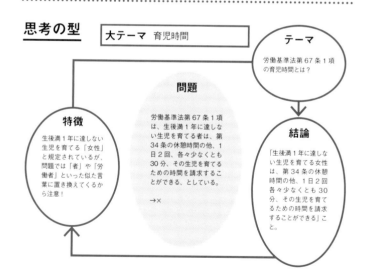

大テーマ 育児時間

テーマ
労働基準法第67条1項の育児時間とは？

問題
労働基準法第67条1項は、生後満1年に達しない生児を育てる者は、第34条の休憩時間の他、1日2回、各々少なくとも30分、その生児を育てるための時間を請求することができる、としている。

→×

特徴
生後満1年に達しない生児を育てる「女性」と規定されているが、問題では「者」や「労働者」といった似た言葉に置き換えてくるから注意！

結論
「生後満1年に達しない生児を育てる女性は、第34条の休憩時間の他、1日2回各々少なくとも30分、その生児を育てるための時間を請求することができる」こと。

テキスト

> テーマ：労働基準法第67条1項の育児時間とは？
>
> ## 1. 育児時間
> 生後満1年に達しない生児を育てる**女性**は、第34条の休憩時間の他、1日2回各々少なくとも30分、その生児を育てるための時間を請求することができる。←結論
>
> 特徴：生後満1年に達しない生児を育てる「女性」と規定されているが、問題では「者」や「労働者」といった似た言葉に置き換えてくるから注意！

●細部まで入っていないとひっかかる

　語句の一部を、よく似た別の言葉に変えて、しれっと問題文に入れて「○か×か」と聞いてくる。これが、ひっかけの二つ目のパターン「類似」です。

　ものすごく似ているけれど、少し違う。ここに挙げた例題は、その最たるものです。

　○か×かを問われているのは、労働基準法に関する次の一文です。

　「生後満1年に達しない生児を育てる者は、第34条の休憩時間の他、1日2回各々少なくとも30分、その生児を育てるための時間を請求することができる」

　簡単に言うと、「1歳未満の赤ちゃんを育てている人は、

休憩時間や、育児のための時間（1日2回、最低30分）を請求して良い」。まっとうな請求だ、○なのでは？　と思えますね。しかし、「まっとうだから」と思わせてくるところが怖いのです。この文には、巧妙なワナが隠されています。

●道義的に正しそうなものが○とは限らない

では、いつもの手順で進めていきましょう。

問題を読み、次に解答と、そこに記された解説を読みます。すると答えは×。解説には、労働基準法に記された正しい文はこうだ、と書いてあります。

「生後満1年に達しない生児を育てる女性は、第34条の休憩時間の他、1日2回各々少なくとも30分、その生児を育てるための時間を請求することができる」

問題文で「育てる『者は』」と書かれていたところは、実は「育てる『女性は』」だったのです。

この条文、かなり理不尽ですよね。「育児は、女性がやるものとは限らないだろう！」「問題文の方がよっぽどフェアじゃない？」と思う方が、たくさんいるに違いありません。

しかし、本物の条文に「女性は」と書かれている、その事実は動かせません。そして解答者は、その事実を覚えておかなくてはいけません。オリジナルよりも「まっとう」な語句に差し替えて、共感させてひっかける、という出題

者のワナにひっかからないようにしましょう。

●繰り返し書いて、差異を叩き込む！

　次に、テーマを書きます。が、この問題を見て「うまくテーマになる言葉を設定できない」と感じる方も多いでしょう。そんなときは、先にテキストの該当箇所を見ます。索引で探すワードは、「育児時間」あたりが良さそうです。

　そこを開くと、ちょうど「1. 育児時間」という見出しが載っていました。これを大テーマとして、四角く囲っておきましょう。

　この本では、
　「大テーマ」：見出しを書き写す
　「テーマ」：問題に則して自分で考える
　というふうに分けています。しかし大テーマはテーマを包含するものなので、同じになることもありますし、そうなっても構いません。

　ここでは少し細かく、「労働基準法第67条1項の育児時間とは？」としました。この場合、結論はハッキリしていますね。「生後満1年に達しない生児を育てる女性は、第34条の休憩時間の他、1日2回各々少なくとも30分、そ

の生児を育てるための時間を請求することができる」です。

　なお、テーマはこんなふうにも設定できます。「労働基準法第67条1項の育児時間を請求できる主体とは？」
　誰が育児時間を請求できるのか、というふうに、ひっかけポイントを前面に押し出した設定です。その場合の結論は、「生後満1年に達しない生児を育てる女性」で止めます。そこに書き添える形で、「生後満1年に達しない生児を育てる女性は、第34条の……」と書けば万全。つまり「結論の根拠」も、一緒に書いておくのです。
　「2回も3回も同じことを書きたくない」という方は、やはり最初に挙げたテーマと結論が良さそうですね。一方、同じことを何度も書くことで、脳内に記憶を刷り込む効果がある、ということも意識しましょう。

　最後に書く「特徴」のところもそうです。「『生後満1年に達しない生児を育てる女性』と規定されているが、ここを『者』や『労働者』など、似た言葉に置き換えてくるから注意！」というふうに、語句を繰り返し見て書くことで、差異を記憶することができるのです。

パターン③　反対概念との混同

思考の型

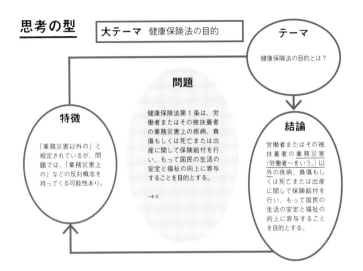

テキスト

1. 健康保険法の目的 ＝テーマ

労働者またはその被扶養者の**業務災害**（労働者災害補償保険法第7条第1項第1号に規定する業務災害をいう。）**以外**の疾病、負傷もしくは死亡または出産に関して保険給付を行い、もって国民の生活の安定と福祉の向上に寄与することを目的とする。←結論

特徴；「業務災害以外の」と規定されているが問題では「業務災害上の」などの反対概念を持ってくる可能性あり。

●ケアレスミスを誘う、さりげないワナ

パターン③は類似ではなく、「反対概念」を入れてくる問題です。

逆の話なのに正解だと判断してしまうのは「全然分かっていない」と白状するようなものです。しかし、理解していれば間違えないかというと、そうでもありません。出題者は非常にさりげなく、逆の言葉を仕込んできます。それに気づかずに読み流してひっかかる <u>「ケアレスミス」</u> が、このパターンでの典型的な失敗です。

ここに挙げた例題もそうです。問題文は、健康保険法の話をしていますね。トップバッターの第1条の話なので、健康保険法がそもそも何のために作られたのか、という大きなテーマを掲げていることが推察できます。

続きを読むと、「労働者またはその被扶養者の業務災害上の疾病、負傷もしくは死亡または出産に関して保険給付を行い、もって国民の生活の安定と福祉の向上に寄与することを目的とする」とあります。

労働者やその家族が、病気・ケガ・死亡・出産したときに保険金を出して、国民の生活を支えるのが健康保険法の目的ですよ、という話です。私たち日本国民にとって、なじみ深い制度です。

しかしこの文、2文字だけ、事実と違うことが書いてあります。解答と解説を見てみましょう。

「業務災害『上の』」ではなく、「業務災害『以外の』」が正しい」と書いてあります。

いわれてみればその通りです。仕事に関連するケガや病気なら労災でフォローされるはず。健康保険証は、それ以外のケガや病気で使うものです。

知っているはずなのに、「さりげなさ過ぎて」間違う。これがパターン③の怖いところです。

●重要な語句に関することはさらに調べよう

この例題のテーマ設定は簡単ですね。「健康保険法の目的とは？」あたりが良いでしょう。テキストに当たるときも、索引から「健康保険法」を見ればすぐに該当ページが出てきます。

ページの見出しは、そのまま「健康保険法の目的」となっていることが多いでしょう。ですから、ここでは大テーマとテーマは同じ言葉になります。

次に、結論を立てます。少し長いですが、例題上で示した結論部分を確認してみてください。

「労働者またはその被扶養者の業務災害（労働者災害補償保険法第7条第1項第1号に規定する業務災害をいう。）

以外の疾病、負傷もしくは死亡または出産に関して保険給付を行い、もって国民の生活の安定と福祉の向上に寄与することを目的とする」

なぜこんなに長く書いたのかには、理由があります。

この問題の重要ポイントは、「業務災害上の」ではなく「業務災害以外の」である、ということでした。ですから、もう一歩踏み込んで「業務災害とは何ぞや」というところまで知っておこう、と考えて、わざわざかっこ内まで書いたわけです。

このように、関連情報まで一歩踏み込み、大事だと思ったら書き添える習慣を持つと、知識がより重層的になっていきます。

● 「プロになれるか」が問われている

最後に、特徴を書きます。結論部分に書いたことと、問題とを見比べて、「逆のことでひっかけてきているな」と再度確認します。そして、「反対概念を持ってくる可能性あり」と図の左側に書いて、丸で囲みましょう。

類似概念といい、反対概念といい、やたらと細かい部分まで注意が必要なので大変ですね。しかし、それが資格試験というものです。

資格を取るということは、「職業にして良いですよ」と

許可をもらう、ということです。ですから、「これは A ではなく B である」「これは OK でそれは NG である」「適用範囲はここであり、そこではない」といったことを、隅々までしっかり理解できている人でないと、プロとは認めてもらえないわけです。

とくに法律関係の職業では、条文の語句一つが大きく判決を左右します。社労士や行政書士、司法書士など法律系の資格を目指す人はとくに、「類似」「反対」パターンに細心の注意を払いましょう。

パターン④　数字が違う

思考の型

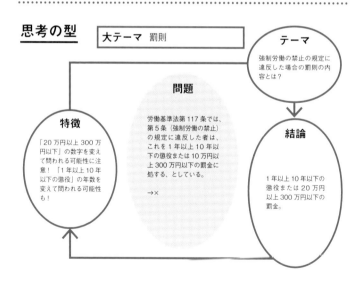

大テーマ　罰則

テーマ
強制労働の禁止の規定に違反した場合の罰則の内容とは？

問題
労働基準法第 117 条では、第 5 条（強制労働の禁止）の規定に違反した者は、これを 1 年以上 10 年以下の懲役または 10 万円以上 300 万円以下の罰金に処する、としている。

→×

特徴
「20 万円以上 300 万円以下」の数字を変えて問われる可能性に注意！「1 年以上 10 年以下の懲役」の年数を変えて問われる可能性も！

結論
1 年以上 10 年以下の懲役または 20 万円以上 300 万円以下の罰金。

テキスト

テーマ：強制労働の禁止の規定に違反した場合の罰則の内容とは？

4. 罰則

第5条（強制労働の禁止）の規定に違反した者は、これを1年以上10年以下の懲役または **20万円以上300万円以下**の罰金に処する。←結論

特徴：「20万円以上300万円以下」の数字を変えて問われる可能性に注意！「1年以上10年以下の懲役」の年数を変えて問われる可能性も！

●数字の中に「ウソ」が仕込まれていないか

　個数、順番、金額など、数字が登場する問題は多々あります。その数字を変えて、こちらの記憶が確かかどうかを試してくるのが「数のひっかけ」です。

　問題文を見てみましょう。

　「労働基準法第117条では、第5条（強制労働の禁止）の規定に違反した者は、これを1年以上10年以下の懲役または10万円以上300万円以下の罰金に処する」○か×か？と聞いてきています。

　人を強制的に働かせてはいけない、ということが労働基準法上で定められていて、それに反するとどうなるか、と

いう話題ですね。テーマは、このあたりに決まりそうです。

　罰則の内容には数字がたくさん出てきます。1年以上10年以下の懲役になるか、10万円以上300万円以下の罰金になるか……この数字の中に、「ウソ」はないでしょうか?

　解答を見ると、案の定、金額のところにウソが仕込んでありました。正しくは、「20万円以上300万円以下」です。人を強制的に働かせる、という悪行を罰するには、10万円では足りないということでしょうか。

●「そもそも」にきちんとさかのぼる

　次は、この決まりごとに関する知識を、テキストに当たってさらに深めていきましょう。索引で「強制労働」を探して、該当ページを開きます。

　開いたところに「罰則」という見出しがあったとしたら、それが大テーマです。この項目には他にも、いろいろな罰則について書いてあると考えられます。

　少し脱線しますが、「超シンプルマーキング術」では基本的に、図を描いた紙を読み返す必要はありません。しかし「大テーマ」ごとに分類すると、ちょっとした参考書代わりになるのも確かです。読み返したい方は、紙がある程度たまった段階で、インデックスをつけてファイルボックスに入れておくと良いかもしれません。

話を戻しましょう。次はテーマを書きます。この例題では、「強制労働の禁止の規定に違反した場合の罰則の内容とは？」としました。

　その上で、該当項目を熟読します。そのページには、「そもそも、強制労働の禁止とは」という、大きなくくりの話が展開されていると思います。そうした「そもそも」を、きちんと知ることが大事です。禁止と定めている労働基準法第5条について知るチャンスといえます。

　第5条には、「使用者は、暴行、脅迫、監禁その他精神または身体の自由を不当に拘束する手段によって、労働者の意思に反して労働を強制してはならない」とあります。

　この条文の一部を少し変えて「類似パターン」でひっかけてくる問題にも今後出くわすかもしれません。他のパターンでひっかけられる可能性も意識しながら、「そもそも何か」「目的は何か」といった骨子を頭に入れましょう。

●「別のワナ」の予感があればそれも書く

　結論は、すでに知っての通りです。「1年以上10年以下の懲役または20万円以上300万円以下の罰金」が、テーマに対するアンサーとなります。

最後に特徴を書きます。「20万円以上300万円以下の罰金」の部分について、数字を変えて問われる可能性がある、ということを書きましょう。

　先に述べた通り、特徴を書くときは、結論の部分と重なる語句がたくさん出てきます。繰り返し正しい数字を書いて、頭に入れるよう意識しましょう。

　また、この問題でワナがしかけられていたのは「罰金」の部分でしたが、他の問題では、「懲役」のところの年数を変えてくるかもしれません。その場合は年数という「時」を変えるワナなので、次に紹介するパターン⑤のひっかけになります。

　「ここも注意しておかないと」という予測があるときは、それも特徴として書き込んでおきましょう。

　ここまで4パターンを紹介してきましたが、出題者がどのような気持ちでワナをしかけてくるか、想像がついてきたのではないでしょうか。

　そうした勘所がだんだんつかめてくるのも、「超シンプルマーキング術」の利点です。

パターン⑤　時期が違う

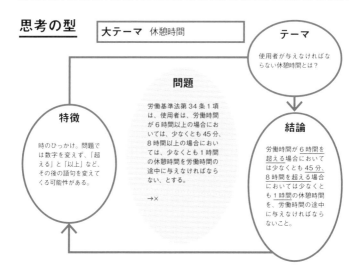

大テーマ　休憩時間

テーマ

使用者が与えなければならない休憩時間とは？

問題

労働基準法第34条1項は、使用者は、労働時間が6時間以上の場合においては、少なくとも45分、8時間以上の場合においては、少なくとも1時間の休憩時間を労働時間の途中に与えなければならない、とする。

→×

結論

労働時間が6時間を超える場合においては少なくとも45分、8時間を超える場合においては少なくとも1時間の休憩時間を、労働時間の途中に与えなければならないこと。

特徴

時のひっかけ。問題では数字を変えず、「超える」と「以上」など、その後の語句を変えてくる可能性がある。

テキスト

テーマ；使用者が与えなければならない休憩時間とは？

2. 休憩時間

使用者は、労働時間が6時間を超える場合においては少なくとも45分、8時間を超える場合においては少なくとも1時間の休憩時間を労働時間の途中に与えなければならない。←結論

特徴；時のひっかけ。問題では数字を変えず、「超える」と「以上」など、その後の語句を変えてくる可能性がある。

● 「時」を正確に覚えることは案外難しい

「〜の間」「〜から」「〜まで」といった、時期・タイミング・期間なども、ワナをしかけられやすいポイントです。

このポイントは、「100時間以上」「3年間以内」などのように、数字を伴うことも多々あります。その場合は、パターン⑤でもあり、かつ④でもあるといえます。この本では、「時」に関するワナは、数字を伴う場合も時のひっかけとして説明します。

さて、例題です。問題を見ると「使用者は、労働時間が6時間以上の場合においては少なくとも45分の休憩時間を労働時間の途中に与えなければならない」とあります。

雇い主は従業員が6時間以上働く場合、最低45分は休憩させましょう、という話ですが、これは○でしょうか、×でしょうか。

解答は×です。解説を読むと、正しくは「使用者は、労働時間が6時間を超える場合においては少なくとも45分、8時間を超える場合においては少なくとも1時間」とのこと。6時間ぴったりなら、休憩時間を与えなくても良いのです。日頃8時間労働で働く方は、意外と知らないポイントかもしれませんね。

では、より詳しく知るためにテキストを見ていきましょう。

索引で引くワードは「休憩時間」あたりが良いでしょう。

すると、「休憩時間」の見出しがついたページが出てきました。そのため、大テーマは「休憩時間」です。

●期間・時間を表す部分にマーカーを

次に、問題と解答を見て、テーマを考えます。「使用者が与えなければならない休憩時間とは？」と設定できそうですね。

その答えが結論です。「使用者は、労働時間が6時間を超える場合においては少なくとも45分、8時間を超える場合においては少なくとも1時間の休憩時間を労働時間の途中に与えなければならない」とそのまま書いて、大事なところに下線を引いておきましょう。

最後に、特徴を書きます。法律上は「超える」と規定されているけれど、ここを「以上」など別の条件を変えてくるかもしれない、と注意を促しましょう。また、「6時間」を「7時間」にしてくるといったひっかけも起こり得ます。気になればその点も書いておきましょう。

以上を踏まえて、テキストに書き込みをします。時間・期間に関するところを、その後の語句も含めてペンやマーカーで強調します。引き出し線をつけて、「変えてくる可能性がある」と書き添えておくのもおすすめです。

●数字を伴わない期間の表現に注意！

「時のひっかけは数字を覚えておけば間違わないだろう」と思っていた方もいるでしょう。しかし油断は禁物です。

ここまでの話から、「以上」「超える」などの数字の後の言葉にポイントが置かれる問題もあると分かりました。

「3日以内に」ではなく、「3営業日以内に」が正解となる場合なども、それに当たります。3という数字は合っていても、意味が変わってきますね。

他にも、時期や期間に関しては、さまざまな表現があります。たとえば「『遅滞なく』○○しなければならない」と問題文には書かれているけれど、実は3カ月の猶予がある、などです。

さらに、数字がまったく入らないこともあります。たとえば、

×「完成時より発効する」→○「発表時より発効する」

×「休日のみ」→○「休日および有給休暇」

などです。

その他、「施行日／公布日」「発効時／失効時」などもあります。このあたりは、「類似概念」や「反対概念」とも重なり合うところですね。

パターン⑥　条件の不足と過剰

思考の型

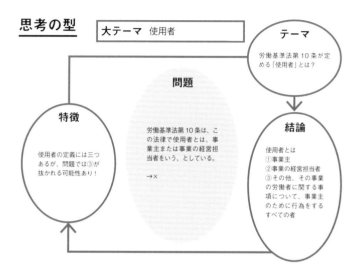

大テーマ　使用者

テーマ
労働基準法第10条が定める「使用者」とは？

問題
労働基準法第10条は、この法律で使用者とは、事業主または事業の経営担当者をいう、としている。

→×

特徴
使用者の定義には三つあるが、問題では③が抜かれる可能性あり！

結論
使用者とは
①事業主
②事業の経営担当者
③その他、その事業の労働者に関する事項について、事業主のために行為をするすべての者

テキスト

テーマ：労働基準法第10条が定める「使用者」とは？

1. 使用者

使用者とは、事業主または事業の経営担当者その他その事業の労働者に関する事項について、事業主のために行為をするすべての者をいう。←結論

特徴：使用者の定義には三つあるが、問題では③が抜かれる可能性あり！

●その定義は条件を満たしている？

　決まりごとや規則には、条件がつきものです。「Ａという規則は、○○、○○、○○に適用される」「○○と○○は、Ｂをしなければならない」など。この○○の一部を抜かしていたり、余計なものがくっついていたりするのが、パターン⑥です。

　まず、条件を抜かしている「不足」の方から見てみましょう。問題文はこうです。「労働基準法第10条は、この法律で使用者とは、事業主または事業の経営担当者をいう、としている」その定義は合っているでしょうか？　条件を満たしているでしょうか？　答えは×です。

　解答および解説を見てみましょう。労働基準法第10条が定めているのは、「事業主または事業の経営担当者その他その事業の労働者に関する事項について、事業主のために行為をするすべての者」です。「その他」の後ろが、スッポリ抜けています。しかし、この長い語句を見ただけでは、誰のことなのか、あまりイメージがつかめませんね。

　そこで、テキストにさかのぼりましょう。索引で引くワードは「使用者」が良さそうです。

　見つかったページの見出しにも「使用者」とあるので、それが大テーマです。テーマは、「労働基準法第10条が定

める『使用者』とは？」とします。

●長い文章は区切って整理

　テキストを読みながら、「使用者」の定義を確かめます。テキストだけではイメージがつかめない場合は、ネット検索をしてみるのも良いでしょう。

　その上で、結論を書きます。テーマで使用者の定義を聞いているので、結論はその答え、つまり正しい条文を書くことになります。

　ただし、法律の条文はワンセンテンスがやたらと長く読みづらいのが難点です。番号や句読点で区切って整理しましょう。「使用者とは①事業主②事業の経営担当者③その他、その事業の労働者に関する事項について、事業主のために行為をするすべての者」などと書きます。

　最後に、特徴を書きます。使用者の定義には①～③があるが、問題ではそのどれかが抜かれる可能性がある、ということを書いて、注意を促しましょう。

　テキストにも、①～③の条件部分をマーカーで強調し、「抜かれる可能性あり！」と書いておくと良いでしょう。

思考の型

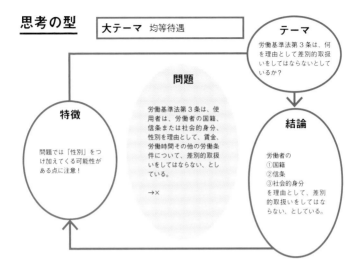

大テーマ 均等待遇

テーマ
労働基準法第3条は、何を理由として差別的取扱いをしてはならないとしているか？

問題
労働基準法第3条は、使用者は、労働者の国籍、信条または社会的身分、性別を理由として、賃金、労働時間その他の労働条件について、差別的取扱いをしてはならない、としている。
→×

特徴
問題では「性別」をつけ加えてくる可能性がある点に注意！

結論
労働者の
①国籍
②信条
③社会的身分
を理由として、差別的取扱いをしてはならない、としている。

テキスト

テーマ：労働基準法第3条は何を理由として差別的取扱い
をしてはならないとしているか？

3. 均等待遇

同条は労働者の**国籍、信条または社会的身分**を理由として、
差別的取扱いをしてはならないとしている。←結論
特徴：問題では「性別」をつけ加えてくる可能性がある点
に注意！

●その条件は、本当に入っているか？

　パターン⑥にはもう1種類、「余計な条件がくっついて
いる」ものがあります。その例が、この問題です。

こちらは、労働基準法第３条の話をしています。「使用者は、労働者の国籍、信条または社会的身分、性別を理由として、賃金、労働時間その他の労働条件について差別的取扱いをしてはならない」とあります。

　「フェアでありなさい」と言っている法律ですが、そこに一つ、余計な条件がくっついています。

　索引で「労働条件」を探してみると、「均等待遇」というページが見つかりました。これを大テーマとします。テキストを読み進めると、同法の条文は「国籍、信条または社会的身分を理由として」になっていることが分かります。そう、「性別」は入っていないのです。

●他に、くっつきそうな条件はないか

　テーマは、「労働基準法第３条は何を理由として差別的取扱いをしてはならないとしているか？」としました。従って結論部分には、「労働者の国籍、信条または社会的身分を理由として」と、正しい条文を書くことになります。

　あとは特徴です。「『性別』をつけ加えてくる可能性がある点に注意！」と注意喚起します。

　また、他の問題では「学歴」などをつけ加えてくる可能性もあり得ます。しかしそれも、均等待遇の条件には入っ

ていないことを、私たちはもう、知っていますね。

　こうした条文は、「これは、問題あるのでは……？」と感じさせてくれる機会でもあります。うがち過ぎではありますが、出題者はもしかすると、こうした余計な条件（＝本当は入っていた方が良いもの）をつけ加えて、解答者の問題意識を刺激しているのかもしれませんね。

　「超シンプルマーキング術」について、少しはつかめてきたでしょうか。次ページからは、練習問題にチャレンジしてみましょう。

　練習問題ページには、空白の「思考の型」と、マーキング前のテキストを載せています。問題のひっかけポイントはどこなのか、テキストの要点は何なのか、整理して見つけ出す楽しさを味わってみてください。

　「思考の型」は拡大コピーして使うのもおすすめです。

練習問題 1

Q 民法第606条1項は、賃貸人は、賃貸物の使用および収益に必要な修繕をする義務を常に負うとしている。

A ×

思考の型

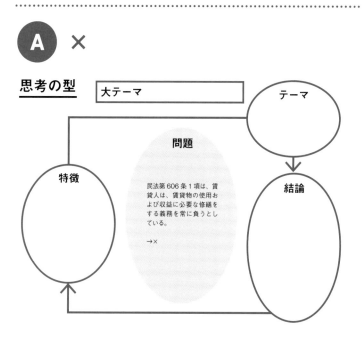

大テーマ

テーマ

問題

民法第606条1項は、賃貸人は、賃貸物の使用および収益に必要な修繕をする義務を常に負うとしている。

→×

特徴

結論

テキスト

3. 賃貸物の修繕

　原則として、賃貸人は、賃貸物の使用および収益に必要な修繕をする義務を負う。例外として、賃借人の責めに帰すべき事由によってその修繕が必要となったときは負わない。

家主さんは、貸している部屋のメンテナンスをしなければならない、という話ですね。
たしかにその通りですが、「常に」が気になります。借り主が壊してしまったときは、どうなるのでしょう？

思考の型

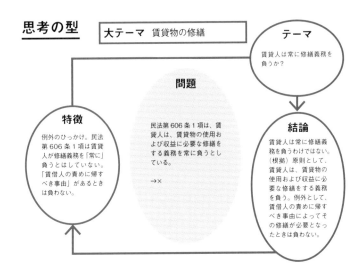

大テーマ 賃貸物の修繕

テーマ

賃貸人は常に修繕義務を
負うか？

問題

民法第 606 条 1 項は、賃
貸人は、賃貸物の使用お
よび収益に必要な修繕を
する義務を常に負うとし
ている。

→×

特徴

例外のひっかけ。民法
第 606 条 1 項は賃貸
人が修繕義務を「常に」
負うとはしていない。
「賃借人の責めに帰す
べき事由」があるとき
は負わない。

結論

賃貸人は常に修繕義
務を負うわけではない。
（根拠）原則として、
賃貸人は、賃貸物の
使用および収益に必
要な修繕をする義務
を負う。例外として、
賃借人の責めに帰す
べき事由によってそ
の修繕が必要となっ
たときは負わない。

　問題を見て、同主旨のことが書いてあるテキストのページ
を探します。テキストには「3. 賃貸物の修繕」の見出しの
下に説明が書いてあります。そこで、大テーマは「賃貸物の
修繕」とします。

　テーマの設定は解答例の他にも、「賃貸人が修繕義務を負
う場合・負わない場合」としても良いでしょう。解答例の
テーマで進める場合、結論は「賃貸人は常に修繕義務を負う
わけではない」とし、テキストの「原則として〜」の部分は、
その「結論の根拠」として理解します。

　最後に特徴です。まず、パターン①の例外ひっかけ（P.68
参照）に当てはまることを確認しましょう。その上で、賃貸
人が修繕義務を負わない例外のキーワードを頭に入れておき

テキスト

テーマ：賃貸人は常に修繕義務を負うか？

3. 賃貸物の修繕　↓結論の根拠

原則として、賃貸人は、賃貸物の使用および収益に必要な修繕をする義務を負う。**例外**として、**賃借人の責めに帰すべき事由によってその修繕が必要となったときは負わない。**

賃貸人は常に修繕義務を負うわけではない。←結論

特徴：例外のひっかけ。民法第606条1項は賃貸人が修繕義務を「常に」負うとはしていない。「賃借人の責めに帰すべき事由」があるときは負わない。

ましょう。

　試験では受験生が原則を知っていることを前提に、<u>例外をきちんと理解しているか</u>を問うことが多いです。たとえば、「賃借人の責めに帰すべき事由およびやむを得ない事由があるとき」と余計なものをつけ加えてひっかける（パターン⑥）ことも考えられるので注意しましょう。

　このように、作問者の視点から問題と解答を分析しておくと、違う問題にも対応できる力が養われます。

Q 使用者は、労働者に、休憩時間を除き1週間について 40 時間、1日について 8 時間を超えて労働させてはならず、この法定労働時間の特例は認められていない。

A ×

思考の型

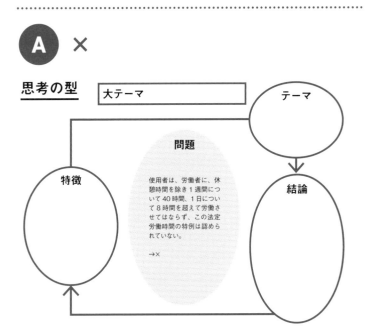

大テーマ

テーマ

問題

使用者は、労働者に、休憩時間を除き1週間について 40 時間、1日について 8 時間を超えて労働させてはならず、この法定労働時間の特例は認められていない。

→×

特徴

結論

テキスト

1. 法定労働時間

原則として、使用者は労働者に、休憩時間を除き1週間について40時間、1日8時間を超えて労働させてはならない。

しかし、一定の事業（以下の①〜④の事業）のうち、常時10人未満の労働者を使用するものについては、労働者を1週間について44時間、1日について8時間まで労働させることができる。

①商業　②映画・演劇業（映画の製作の事業を除く）

③保健衛生業　④接客娯楽業

店員さんの少ないお店が営業を続けるには、たしかに店員さんたちに通常よりも長く働いてもらう必要がありそうですが……。例外的なルールもあるのでしょうか。

練習問題 2 | 解説

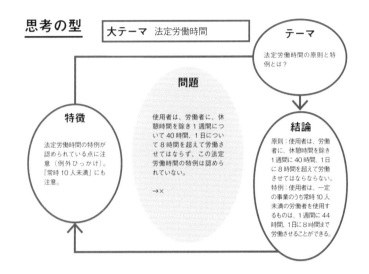

思考の型

大テーマ　法定労働時間

テーマ
法定労働時間の原則と特例とは？

問題
使用者は、労働者に、休憩時間を除き 1 週間について 40 時間、1 日について 8 時間を超えて労働させてはならず、この法定労働時間の特例は認められていない。

→×

特徴
法定労働時間の特例が認められている点に注意（例外ひっかけ）。「常時 10 人未満」にも注意。

結論
原則：使用者は、労働者に、休憩時間を除き 1 週間に 40 時間、1 日に 8 時間を超えて労働させてはならならない。
特例：使用者は、一定の事業のうち常時 10 人未満の労働者を使用するものは、1 週間に 44 時間、1 日に 8 時間まで労働させることができる。

　問題文では「特例は認められていない」と書いてあります。その答えは×です。「法定労働時間」というキーワードをたどって、テキストの該当ページを探しましょう。

　すると、「法定労働時間」が見出しとなったページが見つかりました。まずはこれを大テーマとします。

　問題に「特例」という言葉が出てくるということは、出題者は、原則と特例があるのか、それとも原則だけなのかを聞いているのではないかと推測できます。そこで一例として、テーマは「法定労働時間の原則と特例とは？」としました。

　テキストを読み進めると、「しかし～」から例外について書かれていますね。原則と例外が、それぞれどう規定されているか、それがこの問題の結論になりそうです。

テキスト

テーマ：法定労働時間の原則と特例とは？

1. 法定労働時間

原則として、使用者は労働者に、休憩時間を除き1週間について40時間、1日8時間を超えて労働させてはならない。←結論（原則）

しかし、一定の事業（以下の①〜④の事業）のうち、**常時10人未満**の労働者を使用するものについては、労働者を1週間について**44時間**、1日について8時間まで**労働させることができる。**←結論（特例）

①商業　②映画・演劇業（映画の製作の事業を除く）

③保健衛生業　④接客娯楽業

特徴：法定労働時間の特例が認められている点に注意（例外ひっかけ）。「常時10人未満」にも注意。

　そして、「例外はない」として私たちをひっかけていることを確認し、「常時10人未満」などの例外で使われるキーワードを頭に入れておきましょう。

　その他、「常時10人未満」の数字を変えてくることも考えられます。また、テキストの「一定の事業」について、「③保健」は類似語「健康」ではない、などと記入しておくのも、ひっかけを意識した良い勉強になります。

Q 健康保険法は、健康保険制度については、これが医療保険制度の基本をなすものであることにかんがみ、少子高齢化の進展などに対応し、その在り方に関して常に検討が加えられることが必要である、としている。

A ×

思考の型

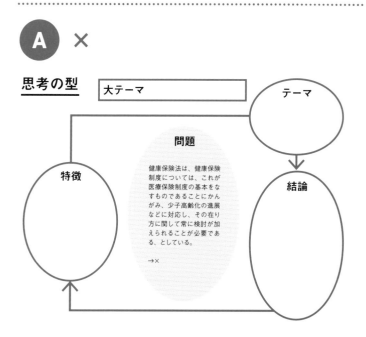

大テーマ

テーマ

特徴

問題

健康保険法は、健康保険制度については、これが医療保険制度の基本をなすものであることにかんがみ、少子高齢化の進展などに対応し、その在り方に関して常に検討が加えられることが必要である、としている。

→×

結論

テキスト

1. 健康保険法の基本的理念

健康保険法第2条には、こう書いてあります。

健康保険制度については、これが医療保険制度の基本を
なすものであることにかんがみ、高齢化の進展、疾病構
造の変化、社会経済情勢の変化等に対応し、その他の医
療保険制度および老人保健制度並びにこれらに密接に関
連する制度と併せてその在り方に関して常に検討が加え
られ、その結果に基づき、医療保険の運営の効率化、給
付の内容および費用の負担の適正化並びに国民が受ける
医療の質の向上を総合的に図りつつ、実施されなければ
ならない。

「少子高齢化の進展などに対応し、その在り
方を常に検討する」。まさに、そうあるべき、
○であってほしい問題文です。
しかし、ここにもひっかけポイントが隠され
ています。「常に」も怪しく見えてきました
が、実は、その他にも……？

思考の型

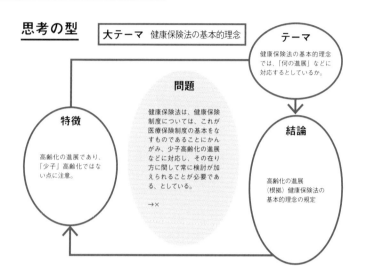

大テーマ　健康保険法の基本的理念

テーマ
健康保険法の基本的理念では、「何の進展」などに対応するとしているか。

問題
健康保険法は、健康保険制度については、これが医療保険制度の基本をなすものであることにかんがみ、少子高齢化の進展などに対応し、その在り方に関して常に検討が加えられることが必要である、としている。

→×

特徴
高齢化の進展であり、「少子」高齢化ではない点に注意。

結論
高齢化の進展
（根拠）健康保険法の基本的理念の規定

　本問は「基本的理念」という抽象的で、しかも長文の条文に関係するものです。ただ、ポイントを絞ってテーマを設定し、ひっかけパターンを検討すれば、どこが重要なのか見分けがつき、試験にうまく対応できるようになります。

　本問の特徴は類似概念（ひっかけパターン②）です。高齢化と少子高齢化、少子化など、似た字面や似た意味の単語とすり替わっていないか注意する必要があります。問題から逆走することで、類似概念の存在にいち早く気づくことができますね。

　なお、「少子」という条件が追加されたという意味では、パターン⑥の条件の過剰と考えることもできます。

テキスト

テーマ：健康保険法の基本的理念では、「何の進展」などに対応するとしているか。

1. 健康保険法の基本的理念 ←結論の根拠

健康保険法第2条には、こう書いてあります。

健康保険制度については、これが医療保険制度の基本をなすものであることにかんがみ、**高齢化の進展**、疾病構造の変化、社会経済情勢の変化等に対応し、その他の医療保険制度および老人保健制度並びにこれらに密接に関連する制度と併せてその在り方に関して常に検討が加えられ、その結果に基づき、医療保険の運営の効率化、給付の内容および費用の負担の適正化並びに国民が受ける医療の質の向上を総合的に図りつつ、実施されなければならない。

結論：「高齢化の進展」

特徴：高齢化の進展であり、「少子」高齢化ではない点に注意。

練習問題4

Q 労働基準法第90条1項は、使用者は、就業規則の作成または変更について、当該事業場に労働者の過半数で組織する労働組合がある場合においてはその労働組合の同意を得なければならない、とする。

A ×

思考の型

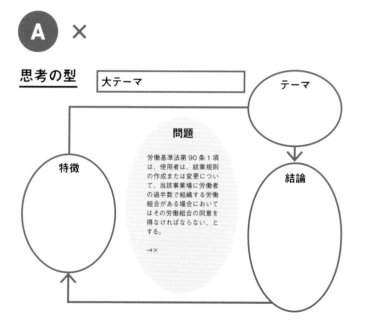

大テーマ

テーマ

問題

労働基準法第90条1項は、使用者は、就業規則の作成または変更について、当該事業場に労働者の過半数で組織する労働組合がある場合においてはその労働組合の同意を得なければならない、とする。

→×

特徴

結論

テキスト

1. 就業規則作成・変更の手続

使用者は、当該事業場に、労働者の過半数で組織する労働組合がある場合においてはその労働組合、労働者の過半数で組織する労働組合がない場合においては労働者の過半数を代表する者の意見を聴かなければならない。

会社を経営する側の人が就業規則を作ったり変えたりするときは、労働者側の人たちの「同意」を得ることがマスト、と書いてあります。もしそうなら、合意するまでが大変なのでは？　という気がしますが……。

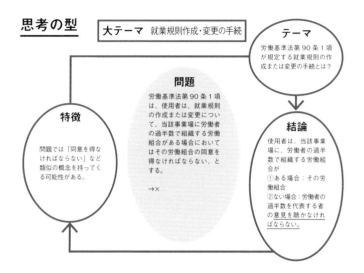

思考の型

| 大テーマ 就業規則作成・変更の手続 |

テーマ
労働基準法第90条1項が規定する就業規則の作成または変更の手続とは?

問題
労働基準法第90条1項は、使用者は、就業規則の作成または変更について、当該事業場に労働者の過半数で組織する労働組合がある場合においてはその労働組合の同意を得なければならない、とする。
→×

特徴
問題では「同意を得なければならない」など類似の概念を持ってくる可能性がある。

結論
使用者は、当該事業場に、労働者の過半数で組織する労働組合が
①ある場合:その労働組合
②ない場合:労働者の過半数を代表する者の意見を聴かなければならない。

問題から、この問題では「就業規則」に関するきまりが語られるのだと推測ができます。

テーマが難しいと感じる方は、「就業規則の作成または変更の際、使用者は何をしなければいけないか?」などと、考えやすいものに変えても良いでしょう。

結論は、「使用者は、当該事業場に、労働者の過半数で組織する労働組合がある場合においてはその労働組合、ない場合においては労働者の過半数を代表する者の<u>意見を聴かなければならない</u>」という部分です。

最後に、特徴は類似概念(ひっかけパターン②)に当てはまることを確認しましょう。法律上は「意見を聴かなければ

テキスト

テーマ：労働基準法第90条1項が規定する就業規則の
作成または変更の手続とは？

1. 就業規則作成・変更の手続

使用者は、当該事業場に、労働者の過半数で組織する労
働組合がある場合においてはその労働組合、労働者の過
半数で組織する労働組合がない場合においては労働者の
過半数を代表する者の**意見を聴かなければならない**。

↑結論

特徴：問題では「同意を得なければならない」など類似
の概念を持ってくる可能性がある。

ならない」とされていますが、問題では「同意を得なければ
ならない」など類似の概念を持ってくる可能性がある点に注
意です。

Q 労働基準法第58条1項は、親権者または後見人は、未成年者に代わって労働契約を締結することができるとしている。

A ×

思考の型

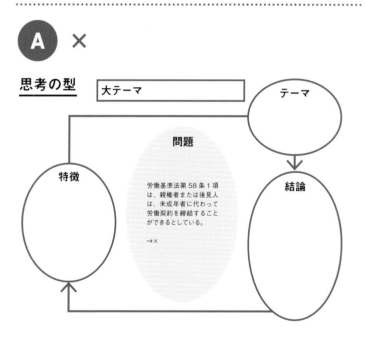

大テーマ

テーマ

特徴

問題

労働基準法第58条1項は、親権者または後見人は、未成年者に代わって労働契約を締結することができるとしている。

→×

結論

テキスト

1. 未成年者の労働契約

未成年者の労働契約に関して、労働基準法第58条は次のように規定しています。

①親権者または後見人は、未成年者に代わって労働契約を締結してはならない。

②親権者もしくは後見人または行政官庁は、労働契約が未成年者に不利であると認める場合においては、……

問題文では、親や後見人が未成年者の代わりに労働契約を結べることになっています。
でも、本当でしょうか。もし親や後見人が悪い人なら、大変なことになるのでは……。

思考の型

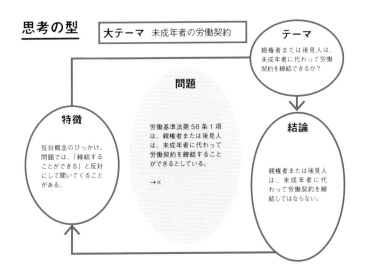

大テーマ　未成年者の労働契約

テーマ
親権者または後見人は、未成年者に代わって労働契約を締結できるか？

問題
労働基準法第58条1項は、親権者または後見人は、未成年者に代わって労働契約を締結することができるとしている。

→×

特徴
反対概念のひっかけ。問題では、「締結することができる」と反対にして聞いてくることがある。

結論
親権者または後見人は、未成年者に代わって労働契約を締結してはならない。

　問題を見ると「未成年」「労働」といった言葉をカギに、テキストの説明を探すのが良さそうです。

　テキストには「締結してはならない」と明言されていますね。しかし、問題では「締結することができる」となっています。このことから、本問は反対の概念（ひっかけパターン③）で私たちを惑わせているのだと分かります。

　なんとなく「親権者ならば未成年者に代わって労働契約を締結しても良さそうだな……」と思ってしまいがちです。作問者は、そのような受験者の心理をついて反対の結論を持ってくる可能性があるため、注意が必要です。

テキスト

テーマ；親権者または後見人は、未成年者に代わって労働契約を締結できるか？

1. 未成年者の労働契約

未成年者の労働契約に関して、労働基準法第58条は次のように規定しています。

①親権者または後見人は、未成年者に代わって労働契約を締結してはならない。←結論

②親権者もしくは後見人または行政官庁は、労働契約が未成年者に不利であると認める場合においては、……

特徴；反対概念のひっかけ。問題では、「締結することができる」と反対にして聞いてくることがある。

Q 民法第146条は「時効の利益はあらかじめ放棄することができる」と規定している。

A ✕

<u>思考の型</u>

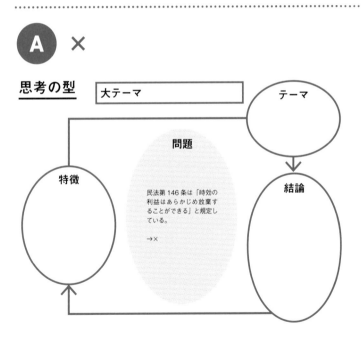

大テーマ

テーマ

問題

特徴

結論

民法第146条は「時効の利益はあらかじめ放棄することができる」と規定している。

→✕

テキスト

3. 時効の利益の放棄

時効の利益の放棄とは、時効によって利益を受ける者が、時効による利益を受けないことを明らかにすることをいいます。

民法第146条は、「時効の利益はあらかじめ放棄することができない。」と規定しています。これは……

「金は貸すけど、後からもう時効だなんて言って返さないのは禁止だぞ！」と言っているようなものですね。お金を貸す側からすると、貸したお金が踏み倒されないかはたしかに心配です。

しかし、お金を借りる方の窮状につけ込んで時効の利益をあらかじめ放棄させるなんてこと、可能なのでしょうか。

思考の型

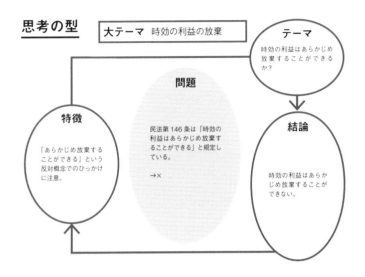

大テーマ　時効の利益の放棄

テーマ
時効の利益はあらかじめ放棄することができるか？

問題
民法第146条は「時効の利益はあらかじめ放棄することができる」と規定している。

→×

特徴
「あらかじめ放棄することができる」という反対概念でのひっかけに注意。

結論
時効の利益はあらかじめ放棄することができない。

　「時効の利益」という、分かるようで分からない言葉が出てきました。きっとこの言葉がポイントになるはずです。大テーマはテキストの見出しになっている「時効の利益の放棄」とします。テーマは「時効の利益はあらかじめ放棄することができるか？」。結論は、端的に「時効の利益はあらかじめ放棄することができない」です。

　時効の利益、たとえば時効によって返済の義務がなくなるという利益なんぞ最初から要らないという人もいるかもしれません。とするなら、時効の利益はあらかじめ放棄できても良いのでは？　とも考えられます。

　出題者側はそう考える方がいることを見越して、「時効の

テキスト

> テーマ：時効の利益はあらかじめ放棄することができるか？
>
> ### 3. 時効の利益の放棄
>
> 時効の利益の放棄とは、時効によって利益を受ける者が、時効による利益を受けないことを明らかにすることをいいます。
>
> 民法第146条は、「時効の利益は**あらかじめ放棄することができない**。」と規定しています。これは……
>
> 結論：時効の利益はあらかじめ放棄することができない。
>
> 特徴：「放棄することができる」という反対概念でのひっかけに注意。

利益はあらかじめ放棄できるよね？」と反対のことを聞いて受験生をひっかけてくるわけです。

Q 労働基準法第26条は、使用者の責めに帰すべき事由による休業の場合においては、使用者は、休業期間中、当該労働者にその平均賃金の100分の60以上の手当を支払わなければならない、としている。

....

A ○

思考の型

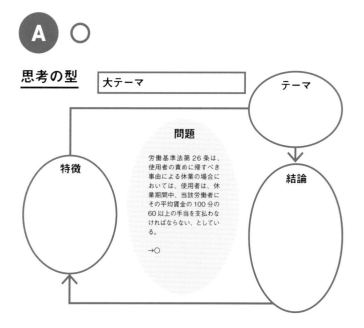

大テーマ

テーマ

問題

労働基準法第26条は、使用者の責めに帰すべき事由による休業の場合においては、使用者は、休業期間中、当該労働者にその平均賃金の100分の60以上の手当を支払わなければならない、としている。

→○

特徴

結論

テキスト

1. 休業手当

休業手当とは、「使用者の責めに帰すべき事由による休業の場合においては、使用者は、休業期間中当該労働者に、その平均賃金の100分の60以上の手当を支払わなければならない」（労働基準法第26条）ことをいう。

会社の都合で休業した場合、その間の賃金を、最低でもどれくらい払わなくてはいけないか、がポイントです。4割では明らかに少ない感じがしますね。5割でも従業員は辛いでしょう。では、6割なら？

思考の型

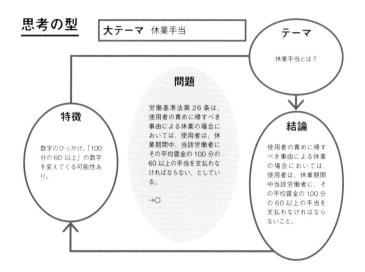

大テーマ 休業手当

テーマ

休業手当とは？

問題

労働基準法第26条は、使用者の責めに帰すべき事由による休業の場合においては、使用者は、休業期間中、当該労働者にその平均賃金の100分の60以上の手当を支払わなければならない、としている。

→○

特徴

数字のひっかけ。「100分の60以上」の数字を変えてくる可能性あり。

結論

使用者の責めに帰すべき事由による休業の場合においては、使用者は、休業期間中当該労働者に、その平均賃金の100分の60以上の手当を支払わなければならないこと。

　問題を読むと、本問は「休業」中の「手当」がテーマではないかと推測することができるでしょう。

　本問は答えが○の問題ですから、×の問題に比べてひっかけのポイントがつかみにくいです。ここでは、100分の60以上という数字に着目して「100分の50以上」や「100分の70以上」というように数字を変えてくる（ひっかけパターン④）可能性があると考えました。

　他にも、「平均賃金の100分の60以上の手当に加えて、○○をしなければならない」など、余計な条件をつけ加えてくる可能性（ひっかけパターン⑥）も0ではありません。

テキスト

1. 休業手当

↓テーマ

休業手当とは、「使用者の責めに帰すべき事由による休業の場合においては、使用者は、休業期間中当該労働者に、その平均賃金の **100 分の 60 以上**の手当を支払わなければならない」(労働基準法第 26 条) ことをいう。

↑結論

特徴；数字のひっかけ。「100 分の 60 以上」の数字を変えてくる可能性あり。

このように、<u>正解の問題でも、何かひっかけパターンに当てはまらないかなと分析</u>することで、他の問題にも対応できる応用力が身につきます。

練習問題 8

Q 健康保険法第7条の9によると、協会（全国健康保険協会）に、役員として、理事長1人、理事6人以内および監事1人を置く、としている。

A ×

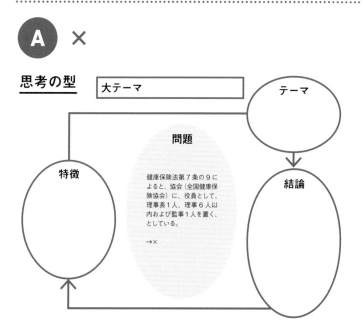

思考の型

大テーマ

テーマ

特徴

問題

健康保険法第7条の9によると、協会（全国健康保険協会）に、役員として、理事長1人、理事6人以内および監事1人を置く、としている。

→×

結論

テキスト

2. 協会の役員

協会（全国健康保険協会）には、役員として、理事長1人、理事6人以内および監事2人を置くとされています。このうち、理事長および監事は、厚生労働大臣が任命し、理事は理事長が任命します。役員の任期は3年とされており、……

トップの理事長は1人で良いとして、全国規模の大きな組織なのに、業務のチェック役の監事が1人って少ない気もしますが……。

思考の型

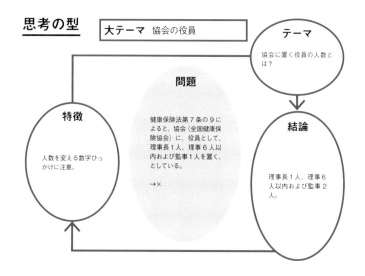

大テーマ　協会の役員

テーマ

協会に置く役員の人数とは？

問題

健康保険法第7条の9によると、協会（全国健康保険協会）に、役員として、理事長1人、理事6人以内および監事1人を置く、としている。

→×

結論

理事長1人、理事6人以内および監事2人。

特徴

人数を変える数字ひっかけに注意。

　協会の役員の人数も、法律で決まっていることがあるのですね。大テーマは見出しの「協会の役員」とします。

　今回は、テーマは「協会に置く役員の人数とは？」、結論は「理事長1人、理事6人以内および監事2人」としてみました。問題ではこの人数の数字を変えてくるのが特徴といえるでしょう。

　トップの理事長が1人というのは間違えにくいとして、問題は、理事6人と監事2人をどう覚えるかです。

　私だったら……監事の「監」の字の中に「二」が見えてきませんか？　だから「2人」と覚えます。

　同じく理事の理の中にカタカナの「ロ」が見えてきます。

テキスト

テーマ：協会に置く役員の人数とは？

2. 協会の役員

協会（全国健康保険協会）には、役員として、**理事長1人、理事6人以内および監事2人**を置くとされています。

↑結論

このうち、理事長および監事は、厚生労働大臣が任命し、理事は理事長が任命します。役員の任期は3年とされており、……

特徴：人数を変える数字ひっかけに注意。

それを手がかりに「ロク（6）人」と覚える！

こじつけでもなんでも、頭の中に残れば良いのです。

Q 労働基準法第 18 条 5 項は、使用者は、労働者の貯蓄金をその委託を受けて管理する場合において、労働者がその返還を請求したときは、7 日以内にこれを返還しなければならない、とする。

A ×

思考の型

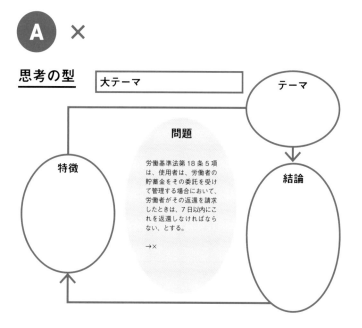

大テーマ

テーマ

問題

労働基準法第 18 条 5 項は、使用者は、労働者の貯蓄金をその委託を受けて管理する場合において、労働者がその返還を請求したときは、7 日以内にこれを返還しなければならない、とする。

→×

特徴

結論

テキスト

2. 強制貯金の禁止

労働基準法第18条1項は、強制貯金を禁止しています。

3. 任意貯金

一定の制約の下、労働者の委託を受けて貯蓄金を管理すること（任意貯金）は認められています。一定の制約とは以下のような制約です。

使用者は、労働者の貯蓄金をその委託を受けて管理する場合において、労働者がその返還を請求したときは、遅滞なく、これを返還しなければならない。

一定の制約のもと、労働者の委託を受けて、貯蓄金を管理することは容認されているようです。

さて、その「一定の制約」とは、どんなものでしょうか？　労働者としては、返してほしいときにはなるべく早めに対応してもらえると嬉しいですが……。

思考の型

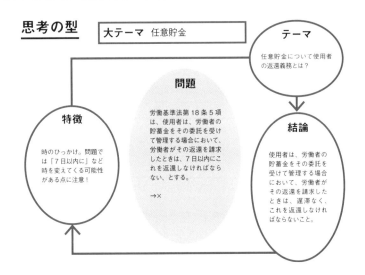

大テーマ　任意貯金

テーマ

任意貯金について使用者の返還義務とは？

問題

労働基準法第18条第5項は、使用者は、労働者の貯蓄金をその委託を受けて管理する場合において、労働者がその返還を請求したときは、7日以内にこれを返還しなければならない、とする。

→×

特徴

時のひっかけ。問題では「7日以内に」など時を変えてくる可能性がある点に注意！

結論

使用者は、労働者の貯蓄金をその委託を受けて管理する場合において、労働者がその返還を請求したときは、遅滞なく、これを返還しなければならないこと。

　問題より、「貯蓄金」「労働者」などのキーワードを抜き出し、同じ事柄を説明しているテキストのページを探します。

　テキストには「3. 任意貯金」の見出しの下に問題と同主旨のことが書いてあります。そこで、大テーマは「任意貯金」とします。

　次に、テーマを「任意貯金について使用者の返還義務とは？」と設定しました。

　結論は、「使用者は、労働者の貯蓄金をその委託を受けて管理する場合において、労働者がその返還を請求したときは、遅滞なく、これを返還しなければならない」という部分です。

テキスト

> テーマ：任意貯金について使用者の返還義務とは？
>
> ## 2. 強制貯金の禁止
>
> 労働基準法第18条1項は、強制貯金を禁止しています。
>
> ## 3. 任意貯金
>
> 一定の制約の下、労働者の委託を受けて貯蓄金を管理することは（任意貯金）は認められています。一定の制約とは以下のような制約です。
>
> 使用者は、労働者の貯蓄金をその委託を受けて管理する場合において、労働者がその返還を請求したときは、**遅滞なく**、これを返還しなければならない。←結論
>
> 特徴；時のひっかけ。問題では「7日以内に」など時を変えてくる可能性がある点に注意！

　最後に、特徴はひっかけパターン⑤（時期が違う）の類型に当てはまることを確認しましょう。法律上は「遅滞なく」と規定されていますが、問題では「7日以内に」など時を変えてくる可能性に注意が必要です。

　他にも「遅滞なく」を「即時に」というように時を変えてくる可能性もあります。

Q 医薬品、医療機器等の品質、有効性および安全性の確保等に関する法律第47条は、毒薬または劇薬は、20歳未満の者、その他安全な取り扱いをすることについて不安があると認められる者には、交付してはならない、としている。

A ×

<u>思考の型</u>

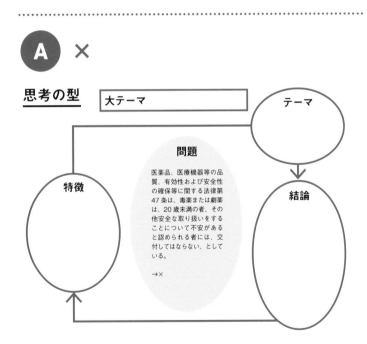

大テーマ

テーマ

問題

医薬品、医療機器等の品質、有効性および安全性の確保等に関する法律第47条は、毒薬または劇薬は、20歳未満の者、その他安全な取り扱いをすることについて不安があると認められる者には、交付してはならない、としている。

→×

特徴

結論

2. 毒薬・劇薬の取り扱い

毒薬または劇薬は、14歳未満の者その他安全な取り扱いをすることについて不安があると認められる者には、交付してはならない。

（医薬品、医療機器等の品質、有効性および安全性の確保等に関する法律第47条）

毒薬と劇薬、いずれも「取り扱い注意」なものであることは確かです。ただ、お酒を飲んだり、たばこを吸ったりできる年齢とは違うような気もしますが……。

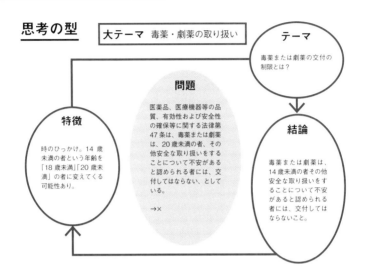

思考の型

大テーマ　毒薬・劇薬の取り扱い

テーマ
毒薬または劇薬の交付の制限とは？

問題
医薬品、医療機器等の品質、有効性および安全性の確保等に関する法律第47条は、毒薬または劇薬は、20歳未満の者、その他安全な取り扱いをすることについて不安があると認められる者には、交付してはならない、としている。

→×

特徴
時のひっかけ。14歳未満の者という年齢を「18歳未満」「20歳未満」の者に変えてくる可能性あり。

結論
毒薬または劇薬は、14歳未満の者その他安全な取り扱いをすることについて不安があると認められる者には、交付してはならないこと。

　「毒薬」「劇薬」という言葉で索引に当たると、同主旨のことが書いてあるテキストのページが見つかると推測できます。

　テーマの設定は解答例の他にも、「毒薬または劇薬の交付の制限・相手方の年齢は？」とより具体的にすることも可能だと思います。ただし、この場合、結論は「14歳未満の者」として、テキストの結論部分はその「結論の根拠」としておくと良いでしょう。

　最後に特徴は、時期を変えるひっかけパターン⑤に当てはまることを確認しましょう。その上で、「14歳未満」を「18歳未満」や「20歳未満」というように年齢（時）を変えて問われる可能性があることを押さえておきましょう。

　数字だけでなく、「14歳未満」を「14歳以下」に変えるなど、

テキスト

テーマ；毒薬または劇薬の交付の制限とは？

2. 毒薬・劇薬の取り扱い

毒薬または劇薬は、**14歳未満の者**その他安全な取り扱いをすることについて不安があると認められる者には、**交付**してはならない。←結論

（医薬品、医療機器等の品質、有効性および安全性の確保等に関する法律第47条）

特徴；時のひっかけ。14歳未満の者という年齢を「18歳未満」「20歳未満」の者に変えてくる可能性あり。

範囲の言葉で時のひっかけが使われることもあるので意識すると良いかもしれません。

　年齢は数字のひっかけなのか、時のひっかけなのか迷うところです。法律上は、たとえば「生後1年未満の生児」や「児童が満15歳に達した日以後の最初の3月31日が終了するまで」のように時との関わり合いで規定がなされる場合もあるので時のひっかけとしました。

Q

健康保険法第1条は、労働者の業務災害以
外の疾病、負傷もしくは死亡または出産に
関して保険給付を行い、もって国民の生活
の安定と福祉の向上に寄与することを目的
とする。

A ×

思考の型

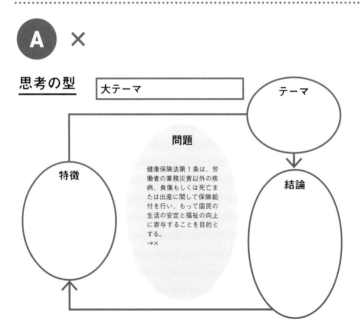

大テーマ

テーマ

問題

健康保険法第1条は、労
働者の業務災害以外の疾
病、負傷もしくは死亡ま
たは出産に関して保険給
付を行い、もって国民の
生活の安定と福祉の向上
に寄与することを目的と
する。
→×

特徴

結論

テキスト

1. 健康保険法の目的

労働者またはその被扶養者の業務災害（労働者災害補償保険法第7条第1項第1号に規定する業務災害をいう。）以外の疾病、負傷もしくは死亡または出産に関して保険給付を行い、もって国民の生活の安定と福祉の向上に寄与することを目的とする。

健康保険法の目的は、労働者が業務以外の場面で病気やケガをしたときの支えになるため、と問題文は言っています。はてさて、それは本当でしょうか。その労働者に扶養されている配偶者や子どもも、病気になったら健康保険証を持って、病院に行きますよね？

思考の型

大テーマ　健康保険法の目的

テーマ

健康保険法の目的とは？

問題

健康保険法第1条は、労働者の業務災害以外の疾病、負傷もしくは死亡または出産に関して保険給付を行い、もって国民の生活の安定と福祉の向上に寄与することを目的とする。

→×

特徴

必要なものを抜かすひっかけ。問題では「またはその被扶養者」を抜かしてくる可能性あり。

結論

労働者またはその被扶養者の業務災害以外の疾病、負傷もしくは死亡または出産に関して保険給付を行い、もって国民の生活の安定と福祉の向上に寄与することを目的とする。

　問題を見て、説明が書いてあるテキストのページを探します。テキストには「1. 健康保険法の目的」の見出しの下に問題と同主旨のことが書いてあります。そこで、大テーマは「健康保険法の目的」とします。

　次に、大テーマとほぼ同じですが、問題と解答のテーマを「健康保険法の目的とは？」と設定しました。

　結論は「労働者またはその被扶養者の業務災害以外の疾病、負傷もしくは死亡または出産に関して保険給付を行い、もって国民の生活の安定と福祉の向上に寄与することを目的とする」という部分です。

テキスト

> テーマ；健康保険法の目的とは？
>
> ### 1. 健康保険法の目的
>
> 労働者またはその被扶養者の業務災害（労働者災害補償保険法第1条第1項第1号に規定する業務災害をいう。）以外の疾病、負傷もしくは死亡または出産に関して保険給付を行い、もって国民の生活の安定と福祉の向上に寄与することを目的とする。←結論
>
> 特徴；必要なものを抜かすひっかけ。問題では「またはその被扶養者」を抜かしてくる可能性あり。

　最後に、特徴はひっかけパターン⑥（条件の不足と過剰）の類型に当てはまることを確認しましょう。問題では「またはその被扶養者」を抜かしてくる可能性がある点に注意が必要です。

　本問のテーマ「健康保険法の目的とは？」については反対概念のひっかけ（パターン③）の例題で
も取り上げましたが、同じテーマでも異なったひっかけ類型に作問されることもあります。

練習問題12

Q 医薬品、医療機器等の品質、有効性および安全性の確保等に関する法律第48条は、業務上毒薬または劇薬を取り扱う者は、毒薬または劇薬を貯蔵し、または陳列する場所には、かぎを施さなければならない、としている。

A ×

思考の型

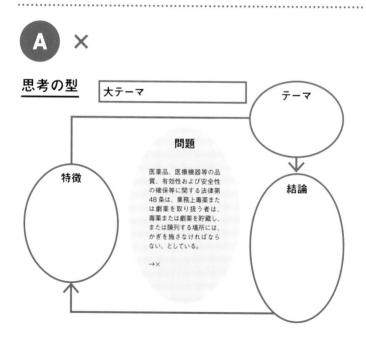

大テーマ		テーマ

問題

医薬品、医療機器等の品質、有効性および安全性の確保等に関する法律第48条は、業務上毒薬または劇薬を取り扱う者は、毒薬または劇薬を貯蔵し、または陳列する場所には、かぎを施さなければならない、としている。

→×

特徴

結論

テキスト

毒薬および劇薬の取り扱い

業務上毒薬または劇薬を取り扱う者は、これを他の物と区別して貯蔵、陳列しなければならず、とくに毒薬を貯蔵、陳列する場所については、かぎを施さなければならないとされている。

毒薬と劇薬の二つを比べると、どちらがより危険でしょうか。より危険な方が、保管もより厳重になるはずですね。しかし問題文では、両方が同じレベルの警戒度で保管されているようです。

思考の型

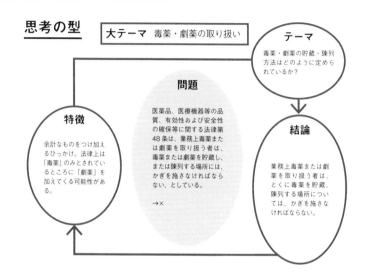

大テーマ　毒薬・劇薬の取り扱い

テーマ

毒薬・劇薬の貯蔵・陳列方法はどのように定められているか？

問題

医薬品、医療機器等の品質、有効性および安全性の確保等に関する法律第48条は、業務上毒薬または劇薬を取り扱う者は、毒薬または劇薬を貯蔵し、または陳列する場所には、かぎを施さなければならない、としている。

→×

特徴

余計なものをつけ加えるひっかけ。法律上は「毒薬」のみとされているところに「劇薬」を加えてくる可能性がある。

結論

業務上毒薬または劇薬を取り扱う者は、とくに毒薬を貯蔵、陳列する場所については、かぎを施さなければならない。

　練習問題10ではパターン⑤として問われていた「毒薬・劇薬の取り扱い」が、今度は別の切り口で問われています。このように、一つのテーマに対してさまざまな角度から知識を確かめることができるのも、「○×問題」の魅力です。

　先ほどは交付の制限について聞かれましたが、今回は貯蔵・陳列方法です。テキストには「とくに毒薬を貯蔵、陳列する場所については、かぎを施さなければならないとされている」とあるため、かぎをかけなければならないのは毒薬のみであることに注意します。

テキスト

テーマ：毒薬・劇薬の貯蔵・陳列方法はどのように定められているか？

毒薬および劇薬の取り扱い

業務上毒薬または劇薬を取り扱う者は、これを他の物と区別して貯蔵、陳列しなければならず、とくに**毒薬**を貯蔵、陳列する場所については、かぎを施さなければならないとされている。←結論

特徴：余計なものをつけ加えるひっかけ。法律上は「毒薬」のみとされているところに「劇薬」を加えてくる可能性がある。

最後に、今回の特徴は条件の過剰（ひっかけパターン⑥）の類型に当てはまることを確認しましょう。法律上は、特に「毒薬」とされているところに「劇薬」を加えてくる可能性がある、という点です。

04

「超シンプルマーキング術」を どう生かすか

練習問題に当たってみて、いかがだったでしょうか。

「知らないことが多過ぎて、解けるはずがない！」と思われたかもしれませんね。

しかし、解けなくてもまったく問題ありません。本章で挙げた例題や練習問題は、労働基準法や、医薬品の扱いを知っていただくためのものではなく、<u>「超シンプルマーキング術」のやり方</u>を知っていただくためのものです。

労働基準法系の法律問題が多くなったのは、私が社労士だからということもありますが、条文が非常に細かいので、「どこにワナが仕込まれているか」を探すトレーニングとして最適だったからです。「こうした方が頭に入る」と思う場面があれば、より使いやすいようにアレンジしてくださっても構いません。

さて、次章以降は、第1章でお伝えした、試験までの「三つの時期」で、それぞれどのように勉強を進めていくかをお話しします。

①「基礎固め期」②「実力養成期」③「直前期」のどの段階でも、「超シンプルマーキング術」は役に立ちます。この勉強法は、極端に言うと「一問一答を読んでテキストに戻って確認する」ことを、何周も繰り返すだけなのです。

　しかし、各段階で、以下の違った特徴もあります。

　①基礎固め期：耳を多く使う

　②実力養成期：手を多く使う

　③直前期　　：口を多く使う

　これまで、問題集は「解くもの」ではなくて「読むもの」だ、と何度かお話ししました。しかし、例題と練習問題を経験した皆さんは、見るだけでなく、手もたくさん動かす必要があることに気づかれたでしょう。

　五感のうち、一つだけでなく、二つ以上を同時に使って得た情報は、頭に入りやすいといわれています。ですから、「目」以外の感覚も大いに働かせましょう。

　「手を使う」のは、図を描くときだと分かりますね。では、「耳」「口」はどう使うのでしょうか。まずは、耳に重点を置いた「基礎固め期」から、順次説明していきましょう。

「超シンプルマーキング術」と
マインドマップの違い

　中央に大きな丸を書いて、周囲にも丸で囲んだ情報を散らしていく──「超シンプルマーキング術」の構成を見て、「マインドマップに似ている」と感じる方が多いのではないでしょうか。しかし両者の機能は、対照的といって良いくらい、異なるものです。

　マインドマップは、自分の思考を拡散させていくツールです。一つの基点から発想を広げ、アイデアにつなげる機能を持っています。つまり、クリエイティブなことに向いているといえます。

　他方、試験問題を解くには、また違ったスキルが要ります。すなわち、人が聞いてきたことに対して答えるスキルです。

　ですから、「超シンプルマーキング術」は「人の思考」を読み解くことに適したツールとなっています。

　問題と解答を読み、そこに該当するテキストを読み、両者をすり合わせれば、出題者の目的や、「これが分かっていなければ資格はやらないぞ」という気持ちが見えてくるしかけです。

　そう考えると、「超シンプルマーキング術」は一つの「コミュニケーションツール」なのかもしれませんね。

第 3 章

「耳学」で得た知識を
マーキングで整理する

冒険の旅に慣れ、敵を知るフェーズ

第1段階の目的は「理解」にあり

　ここからは、「超シンプルマーキング術」を用いた勉強法の「三つの段階」で、何をするかをお話しします。

　三つの段階にはそれぞれ、役割があります。

　①基礎固め期：理解するフェーズ
　②実力養成期：練習するフェーズ
　③直前期：確認するフェーズ

　この3段階は、例えるなら、ゲームのステージを上がっていくのと同じです。

　一つひとつの問題は、倒すべき敵です。その敵を1体ずつ倒し、最終的には本試験という「ラスボス」相手に勝利を収めなくてはなりません。「理解・練習・確認」という各フェーズは、その戦闘力をアップさせるために組まれています。

基礎固め期の目的である「理解」とは、敵を知ることです。

「彼を知り己を知れば百戦殆うからず」——相手を知り、自分を知れば、どんな戦いにも負けることはない、と孫子も言っていますね。

資格試験の勉強において相手を知ることとは、その分野を学習することのみならず、出題者の意図を知ることを意味します。「出題者の脳の中」というワールドへの冒険が、今始まろうとしているのです。

その分野に慣れることから始めよう

「理解」というと、テキストに書かれたことや、出題者の脳内を第1段階で全部把握しなくてはならないのか、と思われるかもしれませんが、そうではありません。

最初の1周目は気負わずに、「だいたいこんなことが書いてある」と知るだけで十分です。「そんなに薄くて良いのか？」という心配も必要ありません。「超シンプルマーキング術」を使って進めると、2周目以降は「だいたい」ではなくなり、加速度的に理解が緻密になっていきます。

この1周は、テキストではなく、問題集を1周するのだということはもうご存じですね。1問ごとにテキストに戻り、該当箇所を見て、図を描いて、また次の1問へ。これ

をグルグルと回すやり方は、3段階に共通しています。

その中で、基礎固め期＝1周目のゴールは、その資格の学習分野に「慣れる」ことにあります。

未知の分野と出会って、知り合って、いろいろな面を知って、こう接していけば良いのだと「理解する」。そう、人と人が距離を縮めていくプロセスと同じです。

「耳学」は心を支える味方になる

慣れるには何が必要かというと、当たり前ですが、「インプット」です。敵を倒すアイテム、つまり知識という武器を、一つずつ備えていく時期といえます。

学ぶべき内容が多ければ多いほど、敵は大軍だということです。こちらはひたすらインプットして、戦力を増強しなくてはなりません。

この場面で、多くの人は最初の関門に突き当たります。それは「弱気」です。これまた至極当たり前ですが、敵との戦闘力の差は、学び始めのときが最大値です。ところが、この当たり前を当たり前と思えず、「難しい、全然分からない！」「自分には無理！」と恐れをなして、チャレンジ自体を諦める人が少なくないのです。

この弱気を取り除けるか否かが、重大な分かれ道です。

あまり知られていないことですが、学習の序盤は、この時期に大暴れする影の強敵＝つい逃げ腰になるメンタルを追い払う手立てを用意することが必須です。

　そこで登場するのが、「耳学」です。

　第1段階では耳を使った学習がメインだ、と話しましたね。テキストにひもづいた動画や、通信教育プラットフォームのオンライン授業など、耳から聞ける学び方を積極的に取り入れましょう。

　動画は、読んで字のごとく、動いている画を「見る」ものだと思っている方も多いでしょう。しかし、大事なのは「聞ける」ことです。動画内の板書はテキストで代用できますが、テキストや問題集は声を出してはくれないからです。では、なぜ「声」を聞く必要があるのでしょうか。

　耳学は、「両手がふさがっていても学べる」という実用的なメリット以上に、メンタルを支える効用があります。テキストを読むのと、動画講義の声を聞くのと、どちらが「教えてくれている」感じがするでしょうか。当然、後者ですね。

　耳学は、「自分はひとりではない」という感覚をもたらしてくれます。その安心感がベースにあると、耳から入ってくる情報がさらに、脳にインプットされやすくなるので

す。人の声で届くと、自分に向かって語りかけてくれているような気がして元気が出ますし、集中力も上がります。先生が「ここ大事ですよ！」と言うと、実際にどこが大事なのか意識に残りやすいという利点もあります。

目と耳を毎日使って、勉強を習慣化！

　基礎固め期にはもう一つ、重要な役割があります。それは、勉強の習慣を身につけることです。

　何事も、初期が一番大変なもの。「資格を目指す」という一念発起のモチベーションが推進力となってはいるものの、先ほど話した弱気が頭をもたげることもあります。

　そうした時期だからこそ、やる気が出ない日でもせめて10～20分、問題集を読むか、動画を聞きましょう。小さく何かを行えば、「この部分のテキストも見てみようかな」というふうに、続けたくなるものです。万一そうならなくても、少しだけ何かをしたという行動自体が、習慣化の基盤になります。毎日同じことをすると、あるとき「しないと気持ち悪い」と思うときがくるのです。戦闘力はまだまだ低くとも、地道に毎日、力を積み重ねていきましょう。

02

自分に合った
耳学を見つけよう！

最強の耳学は「予備校」？

先ほど、耳学の魅力を二つお伝えしました。

加えて、実はもう一つ、メリットがあります。それは、ペースメーカーになることです。

音声を聞くことは、黙読よりも時間がかかります。しかし、それぞれのコンテンツの時間が決まっているため、一日の予定が組みやすいのです。「今日は何時から何時まで、1本見られる」と決められて、延長も起こり得ません。時短ができないデメリットより、こちらのメリットの方を、私は強く感じていました。

さて、この三つ目のメリットの観点でいうと、「最強の耳学」は、予備校の授業ということになります。

予備校は、授業が始まる時間も終わる時間も、学校側で決められています。つまり強制力があるのです。こちらのやる気のあるなしに関わらず、授業の時間は必ずやってく

るのですから、ペースメイクは万全といえます。

デメリットは「費用がかかる」ことですが、これだけかけたのだから無駄にできない、という気持ちがやる気を後押ししてくれる面もあるでしょう。ですから予備校に通うという選択肢は、一度は検討した方が良いと思います。

オンライン学習サービスを利用する方法も

この本は、予備校というハイコストな手段を使わずに、知識を強化する方法を語るものです。にもかかわらず皆さんに予備校の話をした理由は、夜の勉強時間を「予備校的」にしてほしい、という思いがあるからです。

毎日、動画を見始める時間をそろえて、「何時から何時までは授業に出る」というような感覚で臨めば、集中力・理解力が大いに高まります。

さて、そのときに何を聞くかは、予備校と違って、自分で選ばなくてはなりません。ですから、自分に合った耳学の方法を見つけ出しておくことが重要になります。

この本では、「講義動画のQRコードがついたテキストを買う」という方法を推奨しています。しかし、実はそれ以外にもいろいろな方法があります。

たとえば、社会人向けのオンライン学習サービスです。

教育系の大手企業からベンチャー企業まで、さまざまな会社が、資格の講座を取り揃えた動画プラットフォームを提供しています。これらは、いわば予備校のオンライン版で、費用もさほどかからないのがメリットです。

　デメリットは、手持ちのテキストと、講座の教材との兼ね合いに困る点です。通信講座のテキストは分冊型になっていることが多く、持ち運びがしにくいので、読まないままになることがしばしばあります。

　デジタルベースの教材になっている講座もありますが、「テキストはアナログで見たい」という方には合わないかもしれません。

動画配信サイトの上手な利用法

　もう一つ、さらにカジュアルな方法があります。YouTubeなどの動画配信サイトで動画を見ることです。その資格を取って職業としている人や、予備校で教えている先生など、さまざまな投稿者が、授業形式で動画を発信しています。

　費用もかからず、非常に気軽な方法といえますが、デメリットが三つあります。

　一つは、良い動画に巡り合うまでに、意外と時間がかかるということです。無料動画の世界は玉石混淆で、その中から「玉」を探すまでにいろいろな動画を見なくてはな

らず、時間のロスが発生します。

　二つ目は、資格によっては「玉」が少ない可能性がある
ということです。プロの先生による動画も、本業として有
償で教えている内容よりは、簡略化された内容になってい
るかもしれません。

　三つ目は、体系的に学びにくいことです。本や問題集と
違って、動画配信サイトの動画は、順序立てて発信される
わけではありません。「知っている前提」でハイレベルな
知識を語られてしまうこともあれば、複数の動画で基礎的
な内容が重複して語られていることもあります。

　そういうわけで、やはり私のおすすめは、「テキスト連
動型の動画」ということになります。

　とはいえ、テキストの動画をメインとしつつ、動画配信
サイトを補助的に使うのは、とても良い方法です。テキス
トの動画を見ても、一問一答の解説やテキストを読んでも、
いまひとつ分からない……というときは、動画配信サイト
で検索をかけてみましょう。別の先生の切り口で語っても
らうと、すっきり理解できることがあります。

　早く知りたいときは動画ではなく、普通の検索エンジン
で、文字ベースの解説を探すと良いでしょう。

03

「超シンプルマーキング術」は脳内整理に効く！

初見は地ならしから

　基礎固め期のスタートも、一問一答問題集から始まります。できれば開始直前の週末に、最初の１週間分の問題集のコピーを取っておきましょう。

　勉強の初日は、まず問題集を開きます。スケジュール帳で日割りした分の、問題と解答を読みましょう。

　予備知識がない限り、何が書いてあるのやら、よく分からないだろうと思います。しかし、その分からなさにも濃淡があるはずです。理解がスムーズに進むように、「より分からない方」を狙って、つぶしていきましょう。たとえば、初めて見る単語があれば、意味を調べてみましょう。

　この場面では、テキストを読む必要はありません。ネットで検索すればいろいろなサイトが出てきます。ネット上の情報は、テキストよりもさらにカジュアルな書き方のものが多く、読みやすいのが良いところです。正確に理解し

ようとするのではなく、ざっと眺めるだけで構いません。

　これは、いわば地ならしです。最初に軽く情報に触れることで、「慣れる」下地ができるのです。

　その後も、初見の情報に触れて「何が何やらさっぱり」となったときには、その都度ネット検索をしましょう。

　地ならしを経た後にテキストを読めば、同じ言葉に２度触れることになるため、理解がスムーズになります。また、別の表現で同じ内容を説明されることで、理解が重層的になるのもメリットです。

問題集と耳学は同時並行で

　初日から「耳学」もスタートさせましょう。どこから聞き始めるかも、一問一答問題集をもとに決めます。

　問題集は原則的に、カテゴリーごとの単元に分類されているものです。1ページから30ページまでは〇〇の話、という章立てになっていて、それはテキストの章立てとも一致度が高いでしょう。

　となると、その日にテキストの何章を学ぶべきかが見えてきます。そこで、テキストのその章にひもづけられている動画、もしくはネット上で該当する動画を見つけて、「耳学」で聞きましょう。

耳学は、一日のどの段階で行っても構いません。移動中に聞くのも良い方法です。しかし「机に向かって聞く時間」も、必ず設けましょう。

　机に向かって行う耳学は、「超シンプルマーキング術」に慣れる手立てとして活用できます。動画を見ながら、机の上にテキストを開くことができるからです。

　講義の内容を聞きながら、テキストの「章末」をチラッと見てみましょう。章末にはたいてい、簡単な練習問題が載っています。動画で先生が語っていることや、テキストに書いてあることのうちの「どの部分が」聞かれているか、おぼろげながらも、分かるはずです。

　動画を聞き終わった後、もう一度読んでみると「聞かれている部分」に加えて、「どんな聞かれ方」をしているかも、おおよそ見当がつきます。これは第2章で述べた「特徴」とイコールです。

　ごくラフに、図を描いてみるのもおすすめです。問題と解答は省略して大きな丸だけにし、その周りに、テーマと結論と特徴を、自分なりに考えて書いてみましょう。

　これも、第2段階以降の戦闘力を高める地ならしです。

　第1段階は「理解＝分かる人」になるのがゴールですが、第2段階は「練習＝解ける人」になることを目的としています。今のうちから、どういう聞かれ方をするのかという

視点を養っておくことが、後々の伸びにつながります。

1回目の図は見当はずれでも良い

　机に向かう時間は、一問一答問題集をもとに「超シンプルマーキング術」を行う時間でもあります。

　まず、取っておいたコピーを取り出します。

　問題と解答を見て、そのコピーを切り取り、台紙の真ん中に貼って……さあ、オリジナルの図づくりの開始です。

　最初は迷うことが多いと思います。「テーマがうまく設定できない」「どこが結論なのか？」などです。

　しかし、気にしてはいけません。そのとき思ったこと、大事そうに見えたこと、何でも良いから書きましょう。

　大事なのは、止まらないことです。初期はまだ知識が十分ではないので、1問片づけるにも時間がかかります。加えて「耳学」という、時間短縮化が難しい学び方も並行して行っています。毎週末や直前期にバッファがあるとはいえ、それにも限りがあります。クオリティは追求せず、次へ、次へと進んでいきましょう。

初期の書き込みは鉛筆がベスト

　図を描いた後は、その図に基づいて、テキストに書き込みをします。「テーマは波線」「結論は下線」といったふうに、ラインの種類を使い分けると見やすくなります。

　特徴部分は、文字で書き込みます。たとえば「30人以上」という箇所から引き出し線をつけて、「数字注意！」と書く、「乳児」というキーワードの近くに「幼児と区別！」と書く、「ただし」という言葉に「例外」と書くなどです。

　書き込みは1度目なので、鉛筆がおすすめです。図と同様、書き込みの内容もまだ拙いですから、後から書き直す前提です。

　ちなみに私は、一問一答問題集には一切、書き込みをしませんでした。なぜなら、一問一答問題集はあくまで「入口」だったからです。入口の先、つまりテキストの方に、情報を集約させておこうと決めていたのです。

04

理解が深まる！
基礎固め期ルーティン

朝は読み、夜に聞くのが基本

　基礎固め期は、理解と「習慣化」のフェーズです。

　習慣とは、同じことを繰り返すことです。では、物事を習慣化するにはどうすれば良いでしょうか。

　その手段も、やはり同じことを毎日繰り返すしかないのです。一瞬で習慣化できる特別な魔法は、残念ながらありません。

　しかし、「繰り返しやすいやり方」を組むことならできます。ここで参考までに、私が基礎固め期に毎日行っていた、典型的なルーティンを紹介しましょう。

　私の勉強時間は、片道15分程度の朝夕の通勤時間と、帰宅後の1〜2時間でした。

　通勤時間中は「読む」が中心です。一問一答問題集を開いて、問題と解説を読んでいました。気になるワードが出てきた場合や、その日に割り当てられたノルマを読み終え

てしまったときには、「耳学」で該当箇所を確認していました。

　夜は、「耳学」が中心です。通勤時間中に読んだ問題集と同じテーマの講義を聞いて、文字と音声で情報をインプットしました。

　また、問題集をもとに「超シンプルマーキング術」を使って図を描き、テキストに書き込む時間でもありました。

　耳学を先にするか、「超シンプルマーキング術」を先にするかは日によってまちまちだったので、どちらでも OK です。思い起こす限りでは、先に授業を聞いてからの方が、問題の進みは早かったように思います。

　両方とも終わったら、見直しをします。

　「超シンプルマーキング術」の図を見て「問題・解答・テーマ・結論・特徴」を確認してからテキストを開き、図を描きながら考えたことが、書き込みにきちんと反映されているかを確かめたら、その日の勉強は終わりです。

スキマ時間は「無理なく」を意識する

　「通勤時間と夜だけで大丈夫なのか？」「スキマ時間を見つけて、寸暇を惜しんで勉強するものなのでは？」という意見もあるでしょう。

たしかに、スキマ時間はとても大事です。私も「この時間に勉強できる！」と思ったときは、すぐに一問一答問題集や、アプリを開くようにしていました。

とはいえ1分単位、ときには秒単位のスキマ時間まで勉強に充てることは、しませんでした。電車やバスを待つ数分間ならともかく、レジ待ちや信号待ちの数十秒間まで使うとなると、少し潤いがなさ過ぎるように感じたのです。トイレやお風呂に暗記事項を書いておく、といったこともしませんでした。

あまり自分に厳しくし過ぎると、逆に習慣化しにくくなります。「時間を無駄にせず、かつ無理せず」が適度な塩梅だと思います。

勉強時間の長さは、意外と大切

私がスキマ時間によく開いていたのが、一問一答のアプリです。有名予備校がプロデュースしているこのアプリは、タップ一つで○×が出てくる、使い勝手の良いものでした。加えて、もう一つ魅力的だったのが「勉強時間のランキング」が分かることでした。

他のユーザーが何時間勉強しているかが分かるしくみは、モチベーションの維持に役立ちました。「他の人がこれだけやっているなら、自分も頑張ろう」と思えたからです。

休日は他に講義を聞いたり、直前期にまとめて勉強したりもしましたが、私は、平日の夜は「1時間だけでも」と思い勉強していました。

　一説によれば、人間の集中力は15分周期であり、限界は90分といわれているそうです。疲れている中で無理をしても、頭に入りません。純粋に○×問題に取り組む時間は、やはり1時間くらいがちょうど良いと思います。

　「1時間」と聞いて、少ないと思うでしょうか。

　たとえば社労士の場合、私は、1時間×365日として、一問一答問題集を計400時間近くやれば、合格する実力は確実につくと思っています。

　私が社労士試験の勉強で使っていたアプリには、1000人以上の登録者がいましたが、最終的な勉強時間ランキングを見ると、2位、3位の方でも300〜400時間台です。そのため、「1年間、夜1時間だけ一問一答問題集をやり続けられる人」はむしろ、よく勉強をしている人の中に入ると思います。

　もちろん、勉強に割ける時間や、取得したい資格によっては、この限りではありません。個人のライフスタイルに合わせて、スキマ時間と夜のまとまった時間のどちらに重きを置くか考えてみると良いでしょう。

ところで勉強法の本にはよく、「何時間やったかに意味はない」と書かれていますね。何時間やろうと、わずかしか進まないなら意味ナシ、理解が進んでいなければもっと意味ナシ、点数につながらない……という考え方です。

　たしかに、一理あります。しかし、こと「モチベーション」に関しては、勉強時間は支えになります。

　「自分は○時間も頑張った、頑張ってきたんだ」というのは、やはり自信につながります。ちなみに、小さな自慢ですが、先ほどの勉強アプリの勉強時間ランキングの1位は私でした。合計546時間の勉強を達成しました。

　勉強した時間が合格に直結するわけではないとしても、やはり「これだけやってきた」というのはやる気につながりました。「これだけやってきたのだから」と、諦めない気持ちにもなりました。

　もしそのアプリが「正答率ランキング」なら、プレッシャーが増す一因になって、見知らぬライバルとも少々ギスギスしたかもしれませんが、「時間ランキング」はむしろ連帯感につながりました。「今日、これだけ頑張った」と思えることは、「明日も頑張れる」という自信になるのです。

乗ってきたら、オーバーランもOK

　習慣が根づくまでは、やる気の出ない日もあるでしょう。しかしそんな日も、「耳学」だけはしましょう。

　コツは「15分だけ」と決めることです。

　動画はたいてい、15分以上あります。長いものなら60分、90分のものもあります。聞き始めて15分経ったとき、それを途中でやめるのは、逆に難しいはずです。つまり聞き始める前より、少しはやる気が出ているわけです。

　「少しは」でなくなることもあります。意外と乗ってきて、30分でやめる予定が1時間、2時間……となりそうなときは、ぜひその波に乗りましょう。脳が活性化しているので、質の高いインプットができます。

　これまた一説によると、もともとやる気とは最初から出ないものだそうです。「作業興奮」といって、やる気はやるうちに出てくるものだという研究があるのだといいます。ですから、15分で良いからとにかく聞き始めてみるというのはやる気を引き出すトリガーになるのです。

　もちろん、翌日に響くほど続けるのは禁物です。おおよそですが、「午前1時まで」くらいが妥当でしょう。

原動力は怒りと憧れ

第1章で、モチベーションの最大の源は「憧れ」だとお話ししました。憧れの資格を得た自分を思い浮かべたら、少々勉強が辛くても、前を向いて頑張れるものです。

そしてもう一つ、エネルギー源になる感情があります。それは「怒り」です。

「自分が〇〇だったら解決できるのに」という問題意識や義憤があれば、何としてもこの資格を取ろう、というパワーが湧いてきます。

はたまた、義憤とは別種の「立派でない」怒りもあります。「いつも彼ばかりが得をして腹が立つ」「自分はもっと評価されて良いはず」といった鬱憤です。

これも、意外に役に立ちます。その彼を見返したい、周囲をあっと言わせたい、と思えるからです。

怒りに任せて「彼」を殴ったら大問題ですが、そのエネルギーを勉強に向けたら、誰も傷つかない上に、スキルもついて良いことずくめ。ネガティブな感情も、使いようによっては、めっぽう役に立つのです。

もちろん、最大のエネルギー源が憧れであることに変わりはありません。基本は憧れを、たまに怒りをスパイスに加えつつ、高みを目指しましょう。

第 4 章

実力養成期

「手学」で
マーキングの
精度を上げる

百戦錬磨で
戦い方を知るフェーズ

「知っている人」から「解ける人」へ

　一問一答問題集を1周し終えたら、基礎固め期は終了です。2周目からは、第2段階の「実力養成期」に入ります。

　この時点で、耳学はひとまず卒業としましょう。すでに学習分野に慣れることはできているはずですし、毎日勉強をする習慣もついていることでしょう。モチベーションの維持や、メンタルの支えとしての耳学は、役割を終えたといえます。

　「ここをもう一度聞きたい！」と思ったときは、もちろん聞いても構いません。しかし、この先はさらにスピードを上げて学習していくことになる、ということも念頭に置きましょう。時間のかかる耳学よりは、テキストの文字で知識を得た方が得策なのです。

　さて、基礎固め期は理解のフェーズだったのに対し、実力養成期は「練習」のフェーズです。受動的なインプットから、能動的なアウトプット、すなわち「問題を解くため

の武器」を装着する時期に入ります。

　現時点で、各分野についてのおおよその知識はインストールされています。そこから一歩進んで、「知っている人」から、「解ける人」に進化しましょう。

　知識があることと、問題を解けることは、似て非なるものです。出題者は、「ふるい落とそう」という明確な意思・意図を持っているもの。その結果、問題はしばしば（こう言ってはなんですが）意地悪なものになります。分野の知識に加えて、敵の心理、すなわち出題の意図を読み取る力をつけることが、「解ける人」になる、ということです。実力養成期では、その練習をします。「超シンプルマーキング術」で図をひたすら描き、自ら思考を巡らせるのです。

知識が連なり、重層的になっていく

　問題集を読み、図を作り、同じ語句を繰り返し書き、さらにはテキストにも同じ内容を書き込む。基礎固め期ですでに経験済みの作業ですね。

　しかし、2周目からは、同じ作業でも意識を変えて臨むことが必要となります。「敵は、ここの理解をチェックしているな」と、「ピンとくる」能力。これを、実力養成期に養いましょう。

基礎固め期に図を作っていた頃は、解答に添えられた解説や、テキストに書かれた言葉を機械的に繰り返すだけ、という場面も多々あったと思います。もちろん、語句を正確に写し取ることは大切なことです。

　しかし実力養成期に入ったら、プラスαを意識しましょう。つまり、「自分ならでは」の視点を持ち、思考することです。たとえば、「この法律は、こういう価値観で作られているのだな」といった全体を見る視点、俯瞰的な考察はとても大事です。

　出題者の「定番のやり方」に対するセンサーも磨かなくてはなりません。問題文を目にした瞬間に、「例外を省略してくるかも？」「数を変えてくるかも？」と察知できるようになれば理想的です。

　さらには、「このひっかけ方は、別の章のあの箇所にも出てきたな」と気づいて、「どちらも○○を問う問題だったから……ここが分かっていることが大事だ！」という思考ができれば、実力はかなりのレベルに達しています。

　別個の問題を横断的・俯瞰的に捉え、さまざまな切り口で共通性を見出し、ポイントを見抜いていく。そんな抽象度の高い思考ができるのは、知識同士が連なり、重層的になっていることの現れです。

この時期は、とにかく「手」を使う！

　「そんな高いレベルまで目指せるのだろうか」と不安でしょうか？　ご安心ください。そのためにこそ、「超シンプルマーキング術」があるのです。

　この術では、とにかく手を動かします。「読む」ことと並行して「手を動かして書く（描く）」ことで、脳の働きは一段と良くなります。

　これは、皆さんにも覚えがあると思います。

　たとえば読書です。その本を深く味わいたい、と思ったときに、傍線を引いたり、メモを取ったりしたことはなかったでしょうか。手を動かしながら文字を追った方が深い考察ができることを、私たちは経験的に（もしくは本能的に）知っているのです。

　手と頭を同時に働かせる中で、知識は、緻密に整理された形で蓄積されます。それも、相手の意図を読んでその上を行くという、アグレッシブで戦略的な知識です。

　ぜひたくさん思考して、「知っている人」から「解ける人」へと進化を遂げましょう。敵を知るだけでなく、戦って勝つ力を身につけましょう！

02

「超シンプルマーキング術」は
ひっかけ問題の攻略に効く！

一問一答のペースを２倍速に！

　実力養成期では、問題集を回すスピードが一気に上がります。耳学の時間がなくなったから、だけではありません。力がついてきたから、こなす速度が上がるのです。

　「上がる」だけでなく「上げる」意識を持つことも大事です。実力養成期の間は、問題集を少なくとも２周しましょう。つまり、基礎固め期の２倍のペースです。

　できれば、３倍ペース＝３周にトライしたいところです。そうなると、基礎固め期・実力養成期を合わせて、４周回したことになります。

　もっと回せるならば、さらなる速さに挑戦しましょう。スピーディに何周も繰り返し、知識を深く、戦闘力を高くしていく作戦です。

　どのような資格を目指すかにもよりますが、私の場合、社労士試験のときの実力養成期では、１問あたり３〜５分

くらいのスピードを意識していました。「超シンプルマーキング術」の図を描いて、テキストに書き込むまでを含めて5分以内です。

「〇分間で終わらせる！」と速さを意識すると、思考にエンジンがかかりやすくなります。するとますます力がつき、力がつけばますます速くなる、という好循環を生むことができます。

「速さを追求したら、知識があやふやになるのでは？」という心配は要りません。「超シンプルマーキング術」を行うときは、常に解答と解説を見ることになります。ですからスピーディに回しても、何が正答で、何が誤答かを確認しながら進められます。3周目以降ともなれば、理解のレベルや、解答の精度も上がっているでしょう。

「1周目」の紙を見直してみよう

2周目の「超シンプルマーキング術」を始める際は、1周目の同じ問題で書いた図を再び取り出し、ざっと見てみましょう。知識が入った状態で改めて見直すと、「今なら、こう書く」という発見があるかもしれません。「テーマの設定はこうした方が良い」「結論は、むしろこうなのでは？」と、訂正案や改良案も浮かぶでしょう。そのイメー

ジを持ちながら、2周目の図を描いていきます。

　まず、1周目の図の中央に貼ってある「問題・解答」の紙をはがして、新しい台紙に貼り直します。そして改めて、問題集とテキストを見比べながら、図を描いていきます。

　「特徴」の部分、もしくはその欄外には、問題と直接関係がなくとも、気づいたことや気になることを、思いつくままに書くのがおすすめです。

　「あの問題と同じ聞かれ方」「何章に出てきたあの決まりごとと因果関係がある」といった気づきによって、別の箇所の知識が横断的・立体的に結びつけられていき、レベルの高い理解となっていきます。

2周目は鉛筆からボールペンへ

　図を描いたら、次はテキストにマークをします。1周目に鉛筆で書いたものは消さなくても構いませんが、「見当はずれだ」と思ったら消しておきましょう。

　2周目は消せるボールペン、3周目は消せるマーカーと、書き込むツールもブラッシュアップさせましょう。

　私は、3周目以降に一問一答で間違えたポイントがあれば、テキストの該当箇所に星印をつけていましたが、ふせんを使うのも良い方法です。ページからはみ出るように

貼っておけば、間違った箇所をピックアップして読むときに便利です。直前期にも効果を発揮するでしょう。

　さて、この時点でおそらく、テキストのほとんどのページに、何らかの書き込みがあるに違いありません。同じ箇所に、別の切り口で二つ以上の書き込みが入っているところもあるでしょう。

　テキスト全体をパラパラめくってみると、書き込みが密なところと、そうでないところがあるはずです。それは重要度の差、つまり試験に出やすいところと、そうでないところの差です。

　テキスト全体を俯瞰的に見て、どこに重点を置けば良いかを把握することも、この時期に必要な視点です。出題者の意図は、個々の問題だけでなく、試験問題全体の構成にも反映されているからです。

「真っ白な場所」にも注意！

　他方、何周しても書き込みがまったく入らないページがあれば、そこにも注意を払いましょう。

　書き込みがないのは、一問一答問題集の中に、その箇所をテーマにした問題がなかったことを意味します。その理由は、重要度が低いからとも考えられますが、ごくまれに、

問題集の網羅性に限界があって、学ぶべきことのすべてをカバーしきれていない可能性もあります。

　ですから念のため、その箇所も熟読しましょう。この頃には、一読したときに、その箇所が重要かどうかの「勘」が働くだろうと思います。それほど重要ではないと判断したら、ざっと目を通し、内容を理解しておけば十分です。つまり、基礎固め期的なインプットで事足ります。

　逆に、もし「この箇所は重要なのでは？」と感じたら、実力養成期的な練習、すなわち「どんな意図で聞いてくるか」をシミュレーションしましょう。

　白紙を１枚用意し、これまでと同じ要領で、テーマと結論を抜き出します。今回は問題が存在しないので、図を描く必要はありません。「ここにはこういう話が書かれている」とメモ書きしましょう。

　次に、出題者になったつもりで、「どこでひっかけたいか」を想像します。「この数字を変えてくるかも」「この語句を似た言葉にすり替えてくるかも」と思考を巡らせます。

　メモと同じ内容を、テキスト上に書き込めば、「〝簡易〟超シンプルマーキング術」が完了。これで、もれなくテキストの情報を深掘りできたことになります。

03

過去問は繰り返し「読む」ことが大事

3周目からは過去問を見よう

2周目が終わって3周目に入ると同時に、もう一つ、やることを増やします。

問題集から入って、「超シンプルマーキング術」で掘り下げるいつもの勉強を、その日のノルマまで達成したら、残りの時間で過去問に当たりましょう。

「残り時間なんてできるのだろうか」と心配になるかもしれませんが、できます。

すでにシンプルマーキング術で2周もしていれば、問題を見ただけで「ああ、この問題か」「たしかテキストはこの箇所だ」「注意点はたぶん、ここだ」と、おおよそつかみ取れるようになっているでしょう。図や書き込みも、素早くできるようになっています。結果、2周目よりもスピードが上がり、自然に20〜30分ほど時間は余るでしょう。

「とはいえ、数十分で過去問を解くなんて無理！」「どん

な試験でも、1時間はあるのに！」という声が聞こえてきそうですが、これも大丈夫。全部解く必要はないからです。

　というより、そもそも、解かなくても良いのです。

　解くのではなく「読む」——そう、一問一答問題集に当たるときのスタンスと同じです。問題を見て、解答と解説を読み、理解すれば良いのです。

　読む量は、残り時間でできる分だけ。大きい問題ならば1問、小問なら2〜3問ずつ取り組むのが良いでしょう。

目的はラスボス戦のイメージトレーニング

　1周目で知識をインプットし、2周目で解く力を磨いて、いざ3周目。このタイミングは、敵との「初顔合わせ」に最適なタイミングです。

　一問一答問題集の問題が「ザコキャラ」で、本試験が「ラスボス」だとしたら、過去問はさしずめ「先代のラスボス」。ラスボスと同等の戦力を備えた、強大な敵です。

　過去問を読むことは、「敵はこれくらい強いのか」と知ることに相当します。対して「解く」は、いきなり戦うことに相当します。初戦でコテンパンに負けるよりは、傷つかずに相手の戦力だけを確認する方が、精神衛生上も良いですね。

　つまるところ、ここで過去問を読む目的は「イメージト

レーニング」です。先代のラスボスという強敵の、「強さの度合い」をまずは知ること。そして、これまでの敵の強さとの差分を埋めていくことが必要となります。

その差を埋めるのは、思うほど大変ではありません。

たしかに、○×問題は構成も単純で、センテンスも短く、形式上は「ザコキャラ」に近いものでした。しかし、その小さな問題を糸口にして、その問題が取り上げている話をとことん掘り下げる、ということを繰り返してきた結果、皆さんは強くなっています。小さな敵を倒す力にとどまらない、高い戦力がすでに備わっているのです。あとは、そこに「プラス a 」の実力をつければ良いだけです。

今ある基礎力を確認、さらに応用力へ

過去問には、一問一答と違って、さまざまな種類の問題があります。もっともよくあるのが、四〜五つの選択肢の中から、一つ選ばせる問題です。

この形式の問題は練習していないのだから、答えられるわけがない……と、思うかもしれません。しかし、臆することなく読んでみましょう。この形式の問題を読むと、今の自分の実力が確認できます。

ここまで「超シンプルマーキング術」で勉強を続けてこられたならば、おそらく解答を読む前から、ある程度答えが予測できると思います。選択肢一つひとつを、〇×問題と捉えれば良いのです。五つの選択肢のうち、二つや三つは「これはないだろう」と、除外できるに違いありません。

　それができれば、基礎的な知識がすでに備わっている証拠です。「超シンプルマーキング術」で書いてきた「結論」の部分が頭に入っていれば、どんな択一式問題も、二つくらいまでには絞れます。そこまで自分が力をつけてきていることを、1問ごとに確認しましょう。

　一方、残り二つの選択肢のどちらなのか分からない、という場面もあるでしょう。その場合は、先ほど述べた「プラスα」、すなわち応用力を身につける必要があります。

　それには、過去問の解答と解説を熟読するのが一番です。

　解説にはきっと、すでに立てた予測と同様、三つを除外した理由が述べられているでしょう。その次に、残り二つのうちどちらが正解であり、どちらが違うのか、「なぜ」違うのか、が書いてあるはずです。

　この「なぜ」を、しっかり理解しましょう。ここでもテキストの該当箇所に戻って、「〇〇との区別を明確に！」と、注意を促す書き込みをしておくのがおすすめです。

読む過去問は前年度のものだけ

　過去問は「前年分」のものだけに絞り、それを繰り返し読むのがベストな方法です。広げるにしても、３年前までの範囲に抑えましょう。対象が増え過ぎると、かえって情報が薄まり、イメージがぼやけるからです。

　過去問のイメージトレーニングとは、問題形式や、必要とされている応用力を知ることだけではありません。試験時間が何分か、合格点はどれくらいなのか、といった、<u>直近の試験の「傾向」</u>を知ることにあります。ですからあまりバリエーションを増やさず、同じ年の同じ問題を何周もするのが得策です。

04

解く力が高まる！
実力養成期ルーティン

「解く」アプローチも少しずつ入れる

　実力養成期は、解く力を装備する練習の時期です。戦力増強トレーニングに特化した一日の過ごし方の一例として、社労士試験にチャレンジした頃の、私のルーティンを紹介します。

　朝夕の通勤電車で、一問一答問題集を読むのは、基礎固め期と同じです。ただし、基礎固め期のように100％読む感覚ではなく、後半戦になるほど「解く」姿勢が強くなっていました。

　2周目、3周目ともなると、問題を目にした時点で「たぶんこうだな」、「その理由はこう」、「つまりひっかけポイントはここだ！」と、解答を見るまでもなく予測がつくようになってくるものです。そこで、あえて解答から目をそらして、予測をしていました。

　とはいえ、やはり間違うこともありました。間違った問

題に関しては、帰宅後の夜の勉強で、テキストに戻ってしっかり確認しなくてはなりません。

　夜は間違った問題も含め、その日に割り当てた問題の図を描き、テキストにマーキングをします。2周目はボールペン、3周目にはマーカーでマーキングをしていました。
　スピード感は前に述べた通り、1問あたり3〜5分くらい。一つの問題に時間をかけ過ぎないことが肝要なのです。

　一方、間違えたところに関しては、いったん「立ち止まる」ようにしていました。基礎固め期では、少々自信がなくとも止まらずに進もう、とお話ししましたが、ここでは逆です。知識が蓄積されてきた段階で間違ったなら、「なぜ間違えたか」を明らかにすることが必要です。話の内容が理解できていなかったからか、ひっかけの意図がつかみ切れていなかったのか、テキストを読んで分析しなければなりません。「1問5分ルール」はいったんおいて、焦らずじっくり、理解を深めることに専念しました。

問題を終えた後の復習で必要なこと

　1日に30問分「超シンプルマーキング術」を行ったとしたら、テキスト上にも30カ所書き込んだことになります。

最後に、その復習をしましょう。

「超シンプルマーキング術」の最後にメモをした、または目印をつけたテキストのページを順番に開いて、書かれている内容と、書き込みをよく確認します。目印をつけた場合は、確認が済んだら目印を取って次の箇所へ進みます。全部読み返すことができたら完了です。

さて、この復習プロセスにおいて、必要な視点は二つあります。

一つは、<u>暗記すべき箇所のチェック</u>です。固有名詞、数字、年号など、理屈抜きに丸覚えしなくてはいけない要素が、どんなジャンルにもあるでしょう。そこをチェックして、朝夕の通勤時間を使って覚えます（暗記のコツについては、この後お話しします）。

もう一つは、<u>「奥にあるもの」を意識</u>することです。この時点で、すでにたくさんテキストを読み、書き込みも増えてきています。それら一つひとつの書き込みを通して、学んでいる分野全体の構造や、「性格」のようなものが見て取れないだろうか、と考えてみましょう。

たとえば社労士試験では、いくつもの法律の知識を問われます。それらの法律にはそれぞれ、「人となり」ならぬ、「法となり」のようなものがあります。きちんとした言葉

で言うと、「制度趣旨」です。

　何のために、誰の、どんな権利を守るために作られた法律なのか。法律ができた時代や、社会背景はどのようなものだったか。そうした背景が、法律の持つ価値観にどのように反映されているか、考えてみましょう。

　もっとも、社労士試験はマークシート式の試験なので、それが試験に出るわけではありません。極論すれば、分かっていなくても合格することは可能です。

　しかし、こうした本質を把握していれば、試験でまったく知らない問題が出ても、「推理」で解けるようになるのです。「この法律はこういう思想で作られているから、この判例ではこう判断されたに違いない」という具合に考えられます。

　こうした考察は、資格を取った後にも、大きな意味を持つようになります。それを職業とするとき、学んできた分野の根本にある思想を分かっていてこそ、「こんなふうに世の中に役立ちたい」という目的意識を持ち、クライアントのために働けるようになるからです。

　自分の考察が合っているのか心配になることもあるでしょう。そんなときは、同ジャンルの「堅めの本」をパラパラとめくってみるのがおすすめです。学術本や教科書で

は、たいてい序論の部分で、「基本精神」が語られています。本の最初の部分を読めば、自分が考えたことの「答え合わせ」ができます。

この時期は、オーバーランは控えめに

　3周目以降は、この見直しが済んだ後、さらに過去問に取り組みます。勉強に充てられる残り時間で読める分だけ読み、続きは翌日の夜に繰り越しましょう。

　基礎固め期のときは、気持ちが乗ってきたらオーバーランしても良いと言いましたが、実力養成期においては、タイムリミットを意識することが大事です。たとえば「12時になったら終える」と決めて、それまでに済ませられるよう進めるのです。どうしても切りが悪い、というときは少々オーバーしても構いませんが、目標時間は毎日、必ず意識しましょう。

　タイムリミットを意識するのは、本試験がだんだん近づいてきているからです。時間的制約のある状況に、そろそろ身体を慣らし始める必要があるのです。

実力養成期になると、夜にやることが多くなります。

①一問一答を見て、テキストへさかのぼる。

②「超シンプルマーキング術」で図を描く。

③テキストに書き込みをする。

④書き込んだ箇所を見直し、考察する。

さらに3周目からは、

⑤過去問を読む。

が増えます。ですから、何にどれだけ時間を割けるか、どこをスピーディに行い、どこでしっかり立ち止まるか、頭の中でプランを立てることが欠かせません。それは、本試験に際しての時間配分や、とっさの判断力を養うことにつながります。

また、タイムリミットがあれば、時間効率を意識した勉強ができます。「何時までに」というプレッシャーの中で、集中力も高まります。

「練習」のフェーズはこのように、リミットを課す中で力の増強をはかるトレーニング期間です。こうして徐々に、戦闘態勢に入っていきましょう。

05

どうしても
暗記できないときの秘策

語呂合わせは自分で考えよう

　勉強とは原則的に、情報の「暗記」ではなく、ロジック
を「理解」することだ、と私は思っています。理解するこ
とで柔軟に問題に対応できますし、「超シンプルマーキン
グ術」はそのための勉強法として編み出したものです。

　ゆえに、ここまで暗記についてはほとんど語らずにきま
したが、中にはどうしても暗記しなければインプットでき
ない情報というものがあります。人名や地名などの固有名
詞や、人口や面積といった数字、物質を合成する成分名、
などです。

　実力養成期に入ると、1周目で受け流していた細かい事
項を、暗記しなければならない段階に入ります。理屈では
覚えられないものを、どう記憶に刻みつけるかは、悩まし
いところです。

　そんなとき、語呂合わせを使う人もいるでしょう。しか

し、語呂合わせについては、私は欠点もあると思っています。「事項」と「語呂の言葉」の両方を覚えなくてはいけない、という欠点です。

「$\sqrt{2}$ ＝一夜一夜に人見ごろ」や、「キリスト教伝来の年（1549）＝以後よく来る」など、有名なものなら心配はないのですが、「語呂合わせ集」のような本を買って覚えるとなると、著者が考えたアイデアをわざわざ覚えなくてはならず、労力が無駄に増えてしまいます。

語呂合わせを使うなら、自分で作るのが一番です。自分で考えたものなら、少なくとも「語呂の言葉を覚える」必要はなくなります。語呂を自分で考えるのは、すこぶる面白いものです。楽しみながら覚えたものは記憶に残りやすい、というメリットもあります。

書き写すか、チェックペンを使うか

一方、語呂合わせが使えない類の暗記もあります。たとえば、表の中にいろいろな名称がびっしり書かれているようなものです。こうしたケースで私がよく行っていたのは、ひたすら書き写す、という方法。汚くても良いので、頭と手を同時に動かして、記憶に叩き込む作戦です。

「その時間がもったいないのでは？」と感じる方も、きっといると思います。そんなときは、古典的かつポピュラー

なアイテム、「暗記用マーカー」が役に立ちます。覚えたい事項に緑のマーカーを引き、赤色のシートで隠す、あの方法です。テキストにもともと赤字で書かれていれば、マーカーを引くことなく、赤のシートを重ねて隠せます。

　表形式ではないものの、語句をひたすら覚えなくてはならない場合は、リングのついた単語暗記用カードも役立ちそうです。受験生の頃を思い出して、懐かしいグッズをぜひ活用してみてください。

「偶然の一致」を見つけてこじつける！

　私が社労士試験のときに一番苦労したのは、一般常識科目の中にある「白書」という分野の暗記事項でした。「厚生労働白書」や「労働経済白書」の内容が問われるのですが、あまりに膨大な情報量にもかかわらず、最新版が公表されたのは試験の直前。「どうやって覚えようか……」と途方に暮れました。

　そこで私が使ったのは、「偶然の一致」をトリガーにした覚え方でした。たとえば、令和3年度の完全失業率が3％なら、「3年だから3」というふうに覚えるわけです。もし6％なら（そんなことがあったら由々しいですが）、「3の2倍」というふうに覚えます。

本来因果関係のない物を無理やり結びつけるという、感覚的なこじつけです。しかし感覚的なだけに、頭に入りやすかったように思います。

　数字の偶然には限りがあるので、別の要素も取り入れていました。たとえば、令和〇年の完全失業率が2.8％、というデータを見たときに考えたのは、「完全失業率の『完』という字の中に……『二』と『八』が入っている！　だから2.8！」。このように、漢字でもなんでも総動員して、偶然の結びつきを見つけ出していました。

無茶なこじつけはインパクト大

　「推移」を覚えるときには、こんな方法もあります。

　「名目賃金」が上がったか下がったか、という問題に備えて、私が見つけた偶然は、「『名』という字の『夕』の部分は右上がりだから、上がっている！」でした。

　今思い出しても、「無理やりだ……」と思います。しかし、とにかく記憶に残さないといけないときには、少々無茶なこじつけの方が、インパクトがあって覚えやすくなります。

　皆さんも困ったときにはぜひ、皆さん自身の方法で語呂やこじつけを考えてみましょう。オリジナルのアイデアとともに、「敵」を脳内にしっかり閉じ込めましょう。

過去問でモチベーションを上げる

　三つの期間を通して、モチベーションは上下します。

　一念発起の瞬間は、一番情熱が燃え盛っているときです。ところが実際に勉強に入ると、白紙状態の自分と、インプットすべき知識の多さに恐れをなして、急激にモチベーションが下がることもしばしばです。

　しかし、「耳学」に重点を置くことで気持ちが落ち着き、学習内容と向き合えるようになってきます。基礎固め期は、熱しやすく冷めやすい情熱がだんだんと安定した動機になっていく過程といえるでしょう。

　次に危ういのは、新たなフェーズに移るときです。ようやく慣れ親しんだと思っていたルーティンとお別れし、新たなタスクに取り組まなくてはならなくなるからです。実力養成期に入るときも、直前期に入るときも、そうした戸惑いや不安は発生します。

　しかし、実力養成期に関しては、2周目に入って「分かる！」と思った瞬間の喜びが推進力になります。そして、これから詳しくお話ししますが、直前期には「過去問が解ける！」が推進力になります。

　実力養成期に過去問を何度も読んだかいあって、問題がスムーズに解けるようになり、合格点に達する可能性も見えてきます。その勢いに乗って、最後のスパートを全力でかけていくことができるのです。

「口学」で
マーキングを見直す

対戦した相手の急所を振り返るフェーズ

一問一答はもう使わない

　事前に組んだスケジュール通りに進めば、本試験まで残り1〜2カ月のタイミングで、直前期に入ります。予定から少し遅れたとしても、二十数日前くらいには間に合わせたいところです。

　直前期に入るタイミングでは、一問一答問題集を、基礎固め期に1周と、実力養成期に2周（もしくは3周）、トータルすると、3〜4周、回したことになります。

　ここまで、心強い相棒役を果たしてくれた一問一答問題集ですが、これをもって、基本的には卒業です。なぜならこれまでのフェーズを通して、深くその分野の知識に入り込めたからです。

　基礎固め期には、問題集という入口から試験分野に足を踏み入れ、テキスト上の知識に「慣れる」ことが大事でした。そして実力養成期には、知識を得るだけでなく、「解ける」という戦闘力と、その知識の本質に迫る考察をしま

した。ここまで来ればもう、入口がなくとも大丈夫。その分野は、庭のように慣れ親しんだものになっています。

　これからは「入る」プロセスを省略し、テキストをひたすら見直す時期です。図を描く機会も、実力養成期より減るでしょう。描くにしても、問題集ベースではなく、テキストの文および、書き込みをもとにするのが基本となります。

耳学、手学の次は「口学」

　この勉強法は、どのフェーズにおいても「読む」ことと、別の感覚とを組み合わせています。

　基礎固め期においては、動画を聞く「耳学」。

　実力養成期においては、手を動かして図を描く「手学」。

　そして直前期には「口学」、すなわち音読をします。

　なぜわざわざ、声に出して読むことが必要なのか。それには理由があります。「見直す」、つまり「見る」という作業は、これまでの作業に比べると、単調かつ受動的になりがちだからです。ただ文字を目で追うだけでは脳への刺激が薄いのです。インプットした知識と、戦えるスキルの双方を、いよいよ磨き上げていかなくてはいけない直前期には、さらに強く思考を活性化させるべきです。

　音読は黙読よりも少々時間はかかりますが、それよりも

「印象に残る」というメリットの方がはるかに大きいです。目で見ながら、同時に口を動かす。発声した声が、耳からも入る。つまりは、声に出すことで「セルフ耳学」もできてしまうのです。

　同じ情報でも、音声になると、目で文字を見たり手で文字を書いたりするのとは違った印象になります。それにより、「ここ、きちんと考えていなかったかも」「こんなひっかけ方、他に見ないな」など、新しい発見ができます。何度も問題集を回して、分かったつもりになっていた出題者の意図も、声に出してみるとまた違う気づきが出てくるものです。

　その発見は、これからどこを強化していけば良いか、の道しるべとなります。直前期は、装備した武器の最終チェックをする時期です。「口学」という新しいやり方によって、これまで入れた知識や考察に新しい光を当て、戦闘力を最大値に高めましょう。

音読は「念仏方式」でOK

　「口学」の音読は、朗読のようにハッキリ話さなくても構いません。誰かに聞かせるわけではないので、上手である必要も、明瞭である必要もありません。クリアに話すの

は、意外と体力を使うものです。一日に何項目も、大量の情報を音読するのですから、余計なエネルギーは使わない方が良いでしょう。音読するときは、自分の耳で、自分の話す内容がギリギリ聞こえるくらいの小声でOKです。同じく、内容がギリギリで判別できるくらいの、速いスピードで音読しましょう。つまり、早口で唱える念仏のようなものです。

　一方、マーキングした箇所の音読よりも、心持ちクリアに音読した方が良い音読もあります。それは、暗記事項の音読です。前章で書き写しや暗記用マーカー、オリジナルの語呂などを推奨しましたが、直前期では、それらに音読を加えましょう。暗記対策としての音読は、声を張る必要まではないですが、ややトーンを高くして、自分の耳にしっかり聞かせるのがコツです。

週末には過去問を「解いて」みよう

　過去問との向き合い方も、これまでとは違ってきます。
　実力養成期では、毎晩、残り時間に少しずつ「読む」やり方をしていました。
　対して直前期は、通しで「解く」ことが大事です。すでに知っている問題なので、本試験で設定された時間よりは

短く済ますことができます。それでも、フルで解くとなるとある程度まとまった時間が必要になるため、休日に行うと良いでしょう。

　これは直前のリハーサルであり、「自主模擬試験」です。時間をどう配分するか、合格点が取れるか、本試験をイメージしながら行いましょう。「解ける」感覚を味わえて、直前期のモチベーションアップにも効果的です。

　模擬試験といえば、一つ注意点があります。予備校などが主催する直前模試は、「受けない」ことをおすすめします。模試は本試験と同じ形式なので問題数が多く、受けた後の復習に甚だ時間がかかるのです。結果、この時期に必須の「口学で見直す」時間が削られてしまいます。

　結果が悪ければ精神的ダメージが大きい、というデメリットもあります。そもそも模試は過去問に比べて、本試験との一致度は低めです。本試験の出来栄えにさほど関係のない試験の結果で落ち込むよりは、過去問にひたすら当たった方がベターです。

　勝手知ったる過去問、つまり「先代のラスボス」を何度も倒せば、自信を持てます。安定したメンタルで、本試験という名のラスボスに向かいましょう。

02

「超シンプルマーキング術」は
効率の良い復習に効く！

書き込みを音読、ときどき「ショート耳学」

　これまでは一問一答問題集を何周もしてきましたが、ここからは、「テキスト」を何周もします。

　テキストにはすでに、各項目のテーマと結論がラインで強調され、聞かれ方の特徴が事細かに書き込まれています。前述の通り、一問一答問題集でカバーしきれなかった部分についても書き込みがしてあるので、すべてのポイントがもれなく抽出できている、と考えて OK です。

　テキストを開き、最初のページから順に、マーキングが入っている箇所を見直しましょう。その箇所の本文と、自分の書き込みを音読し、次の箇所へと移っていきます。

　音読するうちに、完璧に分かっている箇所もあれば、やや馴染みが薄い箇所もあることに気づくと思います。そうした「薄い箇所」は、「ショート耳学」で対応しましょう。基礎固め期に聞いた動画を再び聞くと、「ああ、こういう

ことだったのか」と分かるはずです。初期の自分と今の自分とを比べて、理解の早さが段違いであることも感じ取れるでしょう。

ただしこの耳学は、あくまで「ショート」にとどめることが鉄則です。一つの講義をフルで聞く時間の余裕は、もうないからです。その箇所について語られている部分だけを5〜10分程度聞き、またすぐにテキストに戻りましょう。

より時短を目指すなら「ポイント集」が便利

直前期はこのように、テキスト上で口学ベースの復習を繰り返すのが基本です。

一方、ここまでの予定が押し気味で、直前期に十分な時間を確保できていない方もいるかもしれません。そんな方には、奥の手があります。「ポイント集」を使用することです。

受験者数の多いメジャーな資格では、「ポイント集」が市販されています。その名の通り、この試験のポイントはここである、ということを列挙したものです。独立した書籍や冊子もありますし、試験直前に資格関連の雑誌に掲載される形のものもあります。「要点整理」や「総まとめ」などのタイトルのものも、ポイント集と捉えて大丈夫です。

各項目が何年の試験で出たか、頻出度はどれくらいか、といったデータも載っていて、重要度の濃淡も把握できます。

　ポイント集が挙げている項目を見て、該当するテキストのページを開き、その箇所を音読しましょう。この方法を使えば、自分の書き込みを一つひとつたどるのに比べて、大幅な時間短縮が可能です。

　この方法をとる場合は、テキストではなく、ポイント集を何周もすることになります。テキストはランダムに開く形になり、すべての書き込みを見直すことはできないかもしれません。

　しかしそこは、これまでみっちり3〜4周した、という自分の実績を信頼しましょう。ポイント集からさかのぼって見るテキスト上の箇所が、一つひとつ頭に入っていることを通しても、安心感が得られるはずです。ポイント集が挙げている項目と、自分がマーキングした箇所の一致度が高ければ、「超シンプルマーキング術」を使って抽出した重要ポイントに間違いはなかった、という実感も得られるでしょう。

「直前問題集」は用事を増やすだけ

　時短用の「奥の手」としてポイント集をおすすめしましたが、それとは逆に、この時期に「いまさら買わない方が良いツール」もあります。それは、<u>直前問題集</u>です。

　これまた、メジャーな資格試験の直前にはよく見かけるアイテムです。「直前演習」「直前予想問題集」などと銘打った問題集が数々、書店に並びます。

　しかし、これらは<u>買わない方が吉</u>です。そのわけは、直前模試を受けない方が良い、と述べた理由と同じです。直前予想問題集は、本試験の構成や長さを踏襲して作られた、「家でできる直前模試」です。

　休日の数時間を使ってこの問題集を解くと、かなりの時間をロスしてしまいます。いまさら初見の問題に新たに出会うのは、不要な情報を増やすことにもつながります。

　「超シンプルマーキング術」を通して、「何が聞かれやすいか」はもう、十分に分析できています。その箇所を読んで、内容も深く理解できています。

　ならば、今から新しい問題を解くよりも、<u>復習を徹底</u>しましょう。<u>解くなら過去問のみ</u>、と決めておくのが、この時期の大事な心得です。

03

知識が染み込む！
直前期ルーティン

1周でも多く見直そう

　直前期の復習は、とにかくテキストを何周も——１回でも多く回していこう、と常に意識しながら行うことが大事です。電車などでは移動中は黙読をすることになりますが、テキストはどこに行くときも必ず持参し、少しでもチャンスがあれば開き、音読をしながらマーキングした箇所の復習をしましょう。

　夜は、机に向かって音読をします。ここでは、マーキングしたテキストの本文、とくにテーマと結論を意識しながら読みます。

　加えて、「ただし」に続く例外や、条件や、具体的な事項など、「ひっかけ」のポイントになりやすいところと、書き込んだ文字を音読します。こうして何度も読むことで、知識を自分の中に染み込ませていきましょう。

音読は歩きながらでもできる

　私の経験では、歩いているときも意外に音読がしやすいです。周囲に人がいなければ声を出しても怪しまれませんし、雑踏の中を歩いているときも、「早口念仏」方式なら、まず気づかれることはありません。

　とはいえ問題もあります。歩行中なので、見直すべきものが見られない、という点です。

　そうした場面に備えて、「丸暗記項目リスト」を作っておくのがコツです。「○○の10個を全部言えるようにする」など、暗記に苦労している事柄をリストにしておいて、歩きながらそらんじてみましょう。

　一説によると、人間は場所や風景を記憶するのが得意なのだそうです。「この条文はあの道を歩いているときに音読したな」といったエピソードとひもづけて覚えると、より定着度が高くなるかもしれません。また、身体を動かしながら読むことで、脳の活性化も期待できます。良いことずくめですね。

　リストは、手帳やメモ帳に書いておくのも良いですし、携帯電話で写真を撮って保存しておくのも良い方法です。

そらんじた後には、少し立ち止まってメモを確認し、「全部言えた！」「最後のこれが思い出せなかった！」と、セルフ採点をしましょう。

人のいるところで勉強してノイズに慣れよう

休日は原則的に、過去問をフルでリハーサルする日です。知っている問題を解くため、本試験ほど時間はかかりませんが、試験が行われるのと同じ時間だけ「座っている練習」も必要です。解き終わって時間が余っても席を立たず、解答と解説を読んだり、見直しをしたりして過ごします。

「何時間くらいで腰が痛くなるか」「どのタイミングでトイレに行きたくなるだろうか」といった身体感覚を、チェックしておくことが重要です。

このときは、なるべく図書館など人のいるところに出かけて勉強するのがおすすめです。ざわついた場所でも集中できるようにトレーニングをすると、本試験中も、周囲の受験者が立てる音が気にならなくなります。

試験前の手続きは意外と時間がかかる

一方で、すべての週末をリハーサルと復習に使うことはできない、ということも覚えておきましょう。なぜなら試

験前には、手続きが意外に多く発生するからです。

　たとえば願書は、取りに行って、記入して、写真を撮って、貼って、封をして郵送する、という出願の段取りを「期限前に」行うことが必須です。

　資格によっては、住民票や戸籍抄本が必要になることもあります。受験条件の一つに「大卒」が挙げられている資格なら、卒業した大学から卒業証明書を発行してもらう必要があります。

　役所や大学はたいてい、休日は閉まっているもの。いつどうやって取りに行けば良いのか……と、数年前までは、私も含め多くの資格受験者が悩んだものです。

　しかし近年、役所でも大学でも、オンラインで申請すれば、必要書類を発行してくれるシステムが整いつつあります。コンビニでも住民票が取れる、便利な時代です。

　そして何より、オンライン出願を受けつける資格も増えているのが嬉しいところです。貴重な時間を割いて書類申請に奔走する苦労は、なくなりつつあるといえます。

　ただ、オンライン出願の際のパソコン操作が難しい、というストレスを感じる可能性もあります。やはり週末のどこかで、手続きに専念する一日を作っておくことが不可欠といえそうです。

04

「超」直前期には
追い込んでもう1周

最後の1週間、生活を「試験仕様」に

・平日には、ひたすら口学で復習をする。
・休日は、試験のリハーサルと口学の見直しをする。
・出願期間にもよるが、週末のうち、早めに書類を整えて出願をする。

これが、直前1〜2カ月でやることの概要となります。

　その中でもっとも重要なのは、言うまでもなく「直前の1週間」です。この「超」直前期には、「試験に合わせた生活」を送ることをおすすめします。つまり、当日のスケジュールに合わせて行動し、身体を慣らしておくのです。

　この頃にはすでに受験票が送られてきていますから、当日のタイムテーブルを確認できます。それをもとに、何時に起きて、何時に朝食を取り、何時に出発すれば会場に何分前に着く……というふうにシミュレーションをしましょう。そして、起床時間や朝食時間をそこに合わせます。

できれば、昼食の時間も合わせたいところです。平日は仕事との兼ね合いが難しいかもしれませんが、そこはできる限りやりくりして、同じタイミングで昼休みを取るようにしましょう。

お昼に何を食べるかも重要です。もともとの体質や、その時期のコンディションによって、何を食べれば良いかは一人ひとり違います。胃腸の弱い人なら脂っこいものは避けた方が良いですし、糖質を取ると眠くなるタイプの人は甘いものを控えるといった工夫が必要となります。

最後の1週間は、ランチの後の自分の体調をチェックして、本番の日に何をいつ食べるか、考えておきましょう。

「超」直前期は「1日1周」で戦力フル装備！

最後の1週間も復習が中心です。試験前日は、「リハーサル＋復習」にすれば万全でしょう。

テーマ、結論、聞かれ方の特徴、暗記事項。それらをひたすら音読し、次の書き込み、次の書き込み、と進んでいきましょう。

ペースは、「1日にテキスト1周」が目標です。とんでもなくハイペースに思えるかもしれませんが、知識が完全に頭に入っていれば、できるはずです。

「実力養成期では、間違った箇所でしっかり立ち止まり、ミスの理由をつきとめた上で理解を深めよう」、とお話ししましたね。そのプロセスが、ここで効いてくるのです。

　実力養成期に、「つっかかる」ところをつぶしておいたおかげで、今はもう「これ、なんだっけ？」「どうしてこうなるんだ？」はほとんどなくなり、スイスイと進めるようになっているはずです。

　残りわずかなつっかかりも、追い込みで完全につぶしてしまいましょう。丹精込めて作った工芸品に、サンドペーパーをかけるかのように。本番前のスケートリンクを、丹念に整備するかのように……。

　磨き上げた力のすべてを発揮する日は、もう目の前です。

直前期に私がやっていたこと

　全体的に「無理せず、頑張り過ぎず」をモットーにしているこの本の中で、直前期の話だけは少々ハードだという印象を持たれたかもしれません。しかし、この追い込み期にも、リフレッシュする機会は作れます。

　たとえば私は、書類申請や提出の必要があって外に出たとき、テキストに没入していたモードが切り替わり、気分一新できたのを覚えています。

　受験票が届いた週末に、試験会場に下見に行ったのも良い思い出です。私は恥ずかしながら、地図を見ながら歩いていても迷子になるレベルの方向音痴。当日遅刻することだけは避けたいと思い、その日は夕方まで勉強した後、現地まで出かけました。

　電車の乗り換え、降りる出口、駅前の風景、会場までの目印になる建物などをしっかりとチェック。試験のための準備だったはずが、ちょっとした観光気分を味わえました。

　まったく知らない道や場所は緊張するものです。一度見ているというだけで、試験当日もリラックスできそうですよね。

　皆さんも、行き詰まったときはぜひ下見をしてみましょう。息抜きにもなりますし、「当日、頑張るぞ！」という意欲も湧いてきます。

当日は
対応力が 9 割

試験当日の朝は
もう何も詰め込まない

前夜にはしっかり休息を

　直前の追い込みで、実力は一気にアップしています。ですから、前夜から当日にかけては、もうあくせくせず、泰然と構えましょう。

　前日は遅くまで根を詰めず、日付が変わる前には就寝しましょう。できれば7〜8時間、たっぷり睡眠を取りたいところです。十分な睡眠が、体調を整えてくれます。

　また、睡眠には記憶を定着させる作用があるともいわれています。大量にインプットし、思考してきた情報は、よく眠ることでしっかりと整理されます。緊張して眠れないときも、テキストを開いたりせず、目をつぶっていましょう。それだけで体は回復しますし、そのうちに、眠気は必ずやってきます。

　当日の朝も、もう何も詰め込む必要はありません。私は社労士試験の当日、テキストも問題集もまったく開きませ

んでした。「直前まで勉強したい」という思いがないわけではなかったのですが、あえて、何もしませんでした。

これには理由があります。緊張しているときにテキストを開くと、かえって混乱しやすいからです。「ここ、覚えたはずなのに、入りきっていないような気がする！」「ここ、マークしていないけれど、本当は大事だったのでは？」など、雑念が渦巻いてしまうのです。

そんな心配など必要ありません。これまで何度もテキストを見て、過去問も繰り返し解いてきたのですから、重要ポイントはしっかり押さえられています。

「今さら、新しく入れる知識はない、もう万全だ」と、自分を信頼しましょう。

持ち物や服装にもひと工夫

出かけるときは持ち物に注意です。とくに、受験票を忘れたら悲惨なことになります。前日のうちに、会場に持って行く鞄を決め、そこに入れておくと良いでしょう。

午前と午後にまたがる試験なら、ランチの準備も必要です。試験中は外に出ることができないので、お弁当を作っておくか、何か買っておきましょう。直前１週間の間に、試験に支障の出ない食べ物を見つけておこう、とお話ししましたね。そのとき確認したことに基づいて、何を用意す

るかを決めましょう。

　ちなみに私は、ランチ後のおやつとして、和菓子を持参しました。糖分を補給すると頭の巡りが良くなる、という実感があったからです。ただしこれは、あくまで私のケース。甘い物で眠さやだるさの出る人にはおすすめしません。

　何を着ていくかも大事です。室内の空調がどれくらい効いているかは会場によって違うので、寒暖の調節がしやすい服装を意識しましょう。

　そして心の準備としてお知らせしておきたいのが、「椅子」です。多くの場合、試験会場は大学です。大学の椅子というものは、得てして座りにくいもの。試験中は2〜3時間座り通しなので、お尻が痛くなる可能性があります。それでいて、多くの資格では「座布団禁止」という無情なルールが設けられています。この件に関しては、硬めの椅子に慣れておくくらいの対策しか思いつかず、申し訳ない限りです。少なくとも、はくものを少し厚手にするのがベターだと思います。

早めに出発し、会場で気持ちを整える

　出発時刻は、少し早めにしましょう。所要時間より、少なくとも 30 分は前倒ししておきたいところです。電車の

遅延など、当日思わぬトラブルに遭遇する可能性はいくらでもあるからです。「予想外」がたとえあったとしても間に合うくらい、時間の余裕を持って出かけましょう。

会場に着いたら、試験が始まるまでの間に、トイレに行っておきましょう。試験中にトイレに行きたくなった場合、試験監督の許しを得て、さらに試験によっては、別のスタッフの人に、トイレまでついてきてもらう必要があります。気まずい思いをしますし、時間のロスにもなります。必ず、事前に済ませておきましょう。

緊張しても大丈夫。自分を信じよう

会場にいる他の受験生が、一様に「賢そうに見える」のも、試験時によく起こる現象です。しかし、きっと向こうもそう思っているので、気にしないことが肝要です。

また、どうしても他の受験生が立てる音が気になる、という場面もあるでしょう。そんなときは、「大丈夫、だんだん集中してくるから」と、つぶやきましょう。これは、気休めではありません。これまでの準備は、決してだてではありません。本番という特別な場で緊張したとしても、積み重ねた何カ月もの蓄積が、心を支えてくれるでしょう。

02

動揺が一番の敵
できないと感じるのが当たり前

本番は誰でも、自信がなくなる

　「これまでやってきたことを信用しよう」と言いましたが、いざ本番となると、その自信が簡単にくじかれるのもまた事実です。

　問題を解いていても、合っている気がしない。

　迷った末に選んだ答えが、やはり間違っている気がする。

　そう、自分の判断が信じられなくなるのです。そんなときは、「これが当たり前なんだ」と思いましょう。

　よほど強靭なメンタルを持つ人でない限り、試験という場面では、自信が「数割減」になります。

　平常時の自信レベルが100だとしたら、大半の人は60くらいまで減るでしょう。繊細な人なら20、30くらいまで下がるかもしれません。ですから、「試験のときは、自信がなくなるもの」だと見ておけば良いのです。

言い換えると、今感じている自信喪失やおびえは、試験という場で起こりがちな「幻想」だ、ということです。そう捉えれば、おびえの感情自体は消えなくとも、「幻想が見えているな」と一種の「メタ認知」が得られます。結果、態勢を立て直すことができるのです。

「過去問イメージトレーニング」をきっちりしていれば、このメタ認知を得るのは比較的簡単です。

私は過去問を見ながら、「この問題、難しいな！ こんなのが出たら折れそうだ」と感じることがありました。試験の演習をしながら、問われる内容だけでなく、「こんなときに自信がなくなりやすい」というシミュレーションをしていたのです。過去問演習は「自信喪失しても、完全には折れない」ためのトレーニングでもあるのです。

出題者はあの手この手で動揺を誘う

「過去問イメージトレーニング」がうまくできていないと、勇気がくじかれた瞬間に、完全に折れてしまう危険があります。本当は実力があるのに、解けるものも解けなくなってしまうのです。

それは今までの準備を無にする、最大のワナです。合否の分かれ目は「実力」だけではありません。メンタルコントロールとテクニックの双方を備えた対応力にも左右され

ます。本番は、<u>試験問題への対応力が９割</u>といっても過言ではないでしょう。

「ワナ」をしかけてくるのはやはり、出題者です。落ちる人がいる中で合格することが、その資格を与えられる価値となるのです。誰かをふるい落とすことが出題者の仕事ともいえます。

そうして出題者は難しい問題を出すわけですが、そこには、実力を問うだけでなく、<u>精神的動揺を誘う要素</u>も多分に入ってきます。

もっともポピュラーな手が、「前半に難しい問題を持ってくる」というものです。「１問目、全然解けない！」「２問目、これも分からない！」「３問目、こんなの勉強したっけ⁉」……と思うような、ハイレベルな問題をぶつけてくることが、資格試験にはままあります。「ここでパニックになるような奴には、資格はやらん」と、出題者は思っているわけです。だからこそ、だまされてはいけません。前半が難しいのは、「そういうもの」です。ラスボスのあしきトラップに、惑わされないようにしましょう。

自信がなくとも、とにかく解答欄を埋める

つい、出題者が極悪非道な人たちであるかのような言い

方をしてしまいましたが、彼らもその必要があってそうしているのだ、ということは重々承知しています。

　それでも、恨み節が出てしまったのは、社労士試験のときの「こんなの、できるわけないじゃないか感」を思い出したせいかもしれません。

　私にそう思わせたのは、「個数問題」です。「この中で合っているものはいくつあるか」と聞いてくる形式で、複雑な情報の一つひとつを丹念に読んで、理解して、検討しないと、答えにたどりつくことはできません。これも「時間を取らせて、この後にある基礎的な問題を解かせてやらないぞ」「精神的に動揺させて、基礎的な問題を間違わせてやるぞ」という、出題者のワナだと私はみています。

　こうした「難問のワナ」にかからないコツは、やはり、過去問イメージトレーニングです。試験の構成を知っていれば、難問の後に比較的簡単な問題がくる、といったことが分かります。ならば、先に簡単な問題に当たり、難問は後に回すという対処ができます。

　ただし、難しい問題を後に回すと、考えている間に時間切れになる可能性も出てきます。資格試験では、とにかく解答欄を埋めることが大事です。何も書かなければ確実に１点も入りませんが、何か書けば、可能性は０ではなくなります。時間切れを防ぎ、合格点を取るための時間配分に

ついては、後ほど詳しくお話しします。

「一人反省会」で足を止めない！

「これ、知らない！」も、試験中によく起こる動揺です。しかし、「超シンプルマーキング術」を使っていれば、それは十中八九、すでに勉強しています。切り口を大きく変えて、初めて見たように思わせるというワナがしかけられているのです。ですから「初めてのはずがない」と信じて、まずは落ち着きましょう。

「超シンプルマーキング術」では、章や単元をまたいで、横断的に共通性を抽出するような思考もしてきたはずです。それを思い出せば、「なんだ、これの話だった！」と、糸口を見つけられます。

間違っても、「ここ勉強してなかった、バカだった」「他の人たちは押さえていたのかな、偉いな」といった「一人反省会」に陥らないことが重要です。

あとは、「これっぽい」と思った選択肢を、どんどんマークしていきましょう。それは、おおかた合っています。試験中は自信が6割まで減るので、平常時なら確信の持てることが、「〜っぽい」のレベルに下がってしまうのです。

――と、偉そうなことを言いましたが、実は私は、資格試験を受けるときには毎回、盛大に一人反省会をしてしまっていました。

　とりわけひどかったのは、社労士試験のときでした。ほとんどの問題を「～っぽい」で解き、試験会場を後にしたときの心中は、史上最大の反省会。「0点に違いない」と、大げさでなく、思いました。帰路をたどりながらひどく落ち込み、「来年も受けることになるんだろうな」「いや、来年やったって無理かもな」などと、底なしのネガティブモードに入っていました。ところが結果は……ご存じの通りです。試験中に「～っぽい」と感じたものは、後で冷静になると確信を持てる解答でした。

　「自信喪失は幻想だ！」「ワナにだまされてはダメ！」「解けている気がしなくても、解けている！」と語ってきたのは、ひとえに、この経験があったからです。

　試験会場で感じる「ダメだ」は、本当にあてにならないものなのです。出題者だけでなく、自信をなくしたときの自分にも、ゆめゆめ、だまされないようにしてください。

03

試験中の
時間配分がカギ！

試験問題は「3周」しよう

　実力とは別の要素として、試験本番の合否を分ける「試験問題への対応力」があります。メンタルコントロールと、テクニックという二つの側面です。メンタルに関しては先ほどお話ししたので、次はテクニックの話をしましょう。

　テクニックの中核をなすのは、時間配分です。解答プロセスを3段階に分けて、試験問題を3周するのが、確実に正答を出すコツです。一見アクロバティックな方法に思えますが、実はこの方が手堅さは上です。右ページから、その段取りをお話ししましょう。

試験本番の時間配分

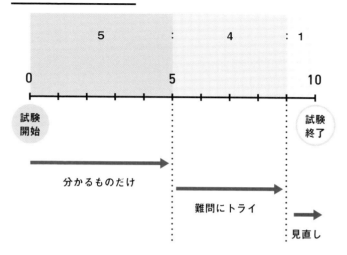

●①試験時間を10等分する

最初に、試験時間を10で割ります。

60分なら、60 ÷ 10 = 6 です。

その値を 5：4：1 で割り当てます。

60分なら、6 × 5 = 30分・6 × 4 = 24分・6 × 1 = 6分となります。

これが、1周目、2周目、3周目の時間配分に相当します。

●②1周目は分かるものだけ

前半30分が1周目です。過去問イメージトレーニングをしていたら、どの問題がどれくらいの難易度か、だいたいの見当がつきます。まずは、簡単だと判断した問題と、

<u>少し考えれば分かりそうな問題</u>を解いていきます。

　飛ばす問題があるので、マークシートの解答欄がずれないように注意が必要です。解答用紙上の、まだ解いていない問題の番号などに印をつけ、誤って書き込まないよう気をつけましょう。

●③問題用紙にも印をつけていく

　順番を変えて問題を解くと、マークがずれるかもしれないリスクが気になるものです。防止策として、「問題用紙に解答を書いておき、最後に一気にマークシートに記入する」スタイルの人がいますが、個人的には、危険だと思います。その「最後」で時間がなくなり、解けていたのに記入できなかった、という悲劇が起こりかねないからです。

　もちろん、問題用紙への書き込み自体は反対しません。私も、テーマや結論にラインを引いたり、確実に正しい部分を四角で囲ったりしていました。また、終わった問題に「／」のマークをつけ、残った問題に集中できるようにしていました。

●④2周目は難問にトライ

　後半に入ると同時に、2周目に突入です。

　次は<u>「難しい」と感じる問題</u>にもチャレンジします。中には長文の選択肢が並ぶような「非常に難しい」問題もあ

るでしょう。しかし、ここでも「難易度」を見極め、正解できる確率の高い問題から取りかかるのが得策です。

　一番難しい問題の時間がなくなるというリスクがありますが、そのような問題は、全体の正答率も低いもの。社労士試験の「個数問題」の正答率も、わずか1～2割です。ですから、解けなくても良い……とは言いません。解答欄を空欄にするのは、やはりNGです。残り6分となった段階で、「どこか」を塗りつぶしましょう。

●⑤3周目は見直しと、マークミスをチェック

　最後の6分で、全体を見直します。

　・きちんと解けたか

　・ケアレスミスをしていないか

　・マークの位置がずれていないか

　をチェックすれば、解答は終了です。

04

問題を見た瞬間に
身体が反応する
「瞬間対応術」

「サービス問題」は迷わず点を取りに行く

　簡単なものから難しいものまで、問題ごとの対応術についても知っておきましょう。

　まず、一番簡単な問題についてです。どんな試験にも、基礎的な知識だけで解ける問題は必ずあります。これを私は個人的に「サービス問題」と呼んでいます。

　といっても、出題者がこれを親切な気持ちで出してくれているとは限りません。

　とくに、難易度の高い試験に挑戦する受験者は、これまでの勉強の中でいくつもの難問に接する中、「そう簡単に解かせてくれるはずはない」と思い込みがちです。ですから、あまりに簡単な問題を見ると、「どこかにワナがあるのでは」と疑心暗鬼になってしまうきらいがあります。

　実は、それこそがワナなのです。出題者は、こちらが疑り深くなっているのを見越して、超難問の合間に、ひねり

の「なさ過ぎる」問題を入れてきて、気持ちの乱高下を起こさせます。「こんなに簡単なはずはない」と、裏の裏を読ませて時間を奪う作戦です。

ですから、ここはだまされず、怪しがらず、確実に点を取りに行きましょう。

長文は、文末を見れば正解が分かる！

1ページ以上におよぶような長文問題は、先ほどの難易度分類でいえば、2周目に解く問題となります。ただし、1周目の段階で「当たり」だけはつけておきましょう。

社労士、司法書士、行政書士、宅建、中小企業診断士などなど、法律系の資格試験の場合、長文は<u>「文頭」と「文末」を見る</u>のがコツです。

「超シンプルマーキング術」でいうと、<u>文頭には「テーマ」</u>に近い語句がつづられ、<u>文末には「結論」</u>に近いことが書いてあるはずです。その両者を見て、「これはテーマと結論として、整合性があるだろうか」「今まで得てきた知識と矛盾はないだろうか」と考えてみましょう。

長文以外の、○×問題でも同じです。選択肢を見るときは、頭から全部読んでいくのではなく、文頭と文末だけをチェックしましょう。すると、その文の語るテーマと結論が読み取れます。それが正しいかどうかは、これまで学ん

できたことと照らし合わせれば、すぐ分かるはずです。

とりわけ、文末は注目ポイントです。「〜にはなりえない」「〜に限られる」など、あからさまな断定口調があれば、瞬間的に「ひっかけだ！」「×だ！」と判断できます。同様に、「当然」「絶対」といった決めつけも、疑ってかかるべきポイントです。「常に」「必ず」といった、譲歩の気配がまったくない語句も、怪しいと見て良いでしょう。

1周目で当たりをつけ、2周目で解く

なぜ、断定や限定が「怪しい」のかというと、法律はどこかに、「例外」を設けるものだからです。

あるルールを社会に当てはめるとき、そこには非常にさまざまなケースがある、という認識に立つ必要があります。原則をしゃくし定規に、すべてに当てはめてしまった場合、どこかで、困る人が出てくるのです。あらゆるケースを想定して、原則だけではなく例外も設ける。それが法律というものです。つまり「絶対」「常に」「なりえない」といった文は、「法律らしくない」のです。

以上の判断のもと、1周目では「瞬間的に」答えを出して、マークをつけておきましょう。筆圧強く塗りつぶすよりは、

軽く鉛筆で線を引くくらいが良い加減です。2周目に入ったら、残り時間と相談しつつ、文をきちんと読みます。選ばなかった選択肢にも目を通して、検討しましょう。

　ただし、たいていの場合、1周目で出した答えと、2周目の答えは一致します。ですから、迷いの濃いものから先に、確認していくのがコツです。これは間違いない、と思ったら、マークをきちんと塗りましょう。

難問は知っている語句に注目する

　2周目では、超難問にも取り組むわけですが、第一印象で難しく感じたものが、「こう考えれば解ける！」と、スルッと解決できることもあります。

　たとえば、「こんなケース、全然知らない、判断がつかない」というときは、慌てずに、問題文の中の語句に注目しましょう。

　仮に法律系の問題文なら、どんなに複雑なことが書いてあっても、結局のところ「こういうときは、どうなる？」と聞いています。「こういうとき」とは、条件です。「どうなる？」で、結論を聞いてきています。それがまったく未知のケースであっても、「こういうとき」の中に知っている言葉があれば、その言葉について今まで接した知識を思い出してみましょう。「難しい」と悩んでしまう複雑な問

題は、問題文の表面上の難しさに惑わされず、含まれる語句について、知っていることをどんどん思い出してみることが有効です。

マニア問題で試されるのは「推理力」

　難問を難問だと感じるのは、多くの場合「こんなところまで押さえているはずがないじゃないか！」と言いたくなるような、マニアックなことを問うてくるケースです。

　しかし、私が思うに、それは「知識」を問うているわけではないのです。今持っている知識を、どれだけ多くの例に当てはめられるか、応用力、推理力を問うているのです。

　これも、「超シンプルマーキング術」で養われる力です。個別具体的な一問一答を一つひとつ掘り下げているうちに、別の箇所との類似性や共通性に気づき、それらが集まると、一種の法則性が見えてきます。テキストの文章をただ平たんに覚えるのに比べて、各分野の要点が立体的に理解できているはずです。

　そうした見方は、主に実力養成期に養われます。「手学」での練習に注力すれば、本番で難問に突き当たったときも、きっと解決の糸口が見つかるでしょう。

資格の使い道

資格試験に合格した後、
どう生かす？

　ここまで語ってきたのは、私の体験に基づく、資格を「取るための」ノウハウです。この話を参考に、皆さんが新たな挑戦をしてくださったら、とても嬉しく思います。

　さて、もう一つ、最後にお話ししておきたいことがあります。「資格を取るために、何をするか」ではなく、「取った資格を、何のために使うか」という話です。

　世の中には、こんな考え方があります。

　「資格を取ることを目的にするのではなく、資格を取ってどうするか、を考えるべし」。

　とても、正しいと思います。

　たしかに、正しいのですが……。

　もし皆さんが今、「まだ全然、そこまで見えてはいないのだが」「これでは挑戦しても、意味がないのだろうか」と、ためらう気持ちを抱いているとしたら、少し、私の話を聞いてください。

取った資格をどう使うか。そこには、3通りの道がある
と私は思います。

①資格を職業にする

　一つ目は、「その資格を職業にする」道です。

　独立する、起業する、あるいは副業にするという、もっ
ともスタンダードな道です。

　この道は三つの中で、もっとも「キャリアアップ」とい
う名にふさわしい進路です。そのまま会社に居ても、人材
としての価値が上がることで、ポジションアップや給与
アップが期待できます。

　転職するにしても、その条件は資格取得前とは格段に
違ってきます。独立開業すれば、自らが経営者になります。
大きく前途が開ける道ですね。

　その資格の職業に就くということは、個人としてのみな
らず、社会的にも意義があります。資格というものは、そ
のスキルを持つ人を世に送り出し、社会に役立ってもらう
ために存在しているのですから、資格を職業にするという
ことは、非常に目的にかなったことといえます。

②資格を取る方法を教える

では、第2の道とはどのようなものでしょうか。

「その資格を取る方法を後進に教える」道です。

第1の道のように、取った資格をそのまま役立てるわけではなくとも、「教える」という形で、資格を備えた人材を何十人、何百人と、世に送り出すことができます。

間接的な形ではあるものの、非常に意義深い道だと私は思っています。

③学び続ける

第3の道は、資格を目指す中で身につけた勉強の習慣を、また他の資格に向けていくこと。つまり、「学び続ける」という道です。

「それではキャリアアップにならないじゃないか」と思われるでしょうか？　最初に述べた「目的がない」状態に見えるでしょうか。

そう、今だけを見るとその通りです。しかし向こう3年、5年を見据えていくと、また違った風景が見えてきます。

資格というものは、<u>それ自体がステップになっている</u>、という面があります。

最初に、比較的簡単に取れる資格を取る。すると、合格という成功体験が得られます。

　その自信を糧に、もう少し難易度の高い資格に挑戦する。それに合格すれば、もっと大きな自信が手に入ります。

　そして、さらなる難関試験にチャレンジする意欲が湧いてきます。

　では、その難関にも合格したら？──そこまできて初めて、「こんな仕事がしたい」というビジョンが明らかになってくるかもしれません。

　資格から資格へとステップアップしていく過程では、その資格を取得すること以上に、大きなものを得ることができます。それは、「学び」の喜びです。

・最初の資格を目指していた頃には見えなかった、自分の適性がだんだん見えてくる。

・知識が増えれば増えるだけ、新たな興味が湧いてくる。

・自分の価値観や、好奇心のありかが分かってくる。

・視野が広がり、世の中の事象の見え方もクリアになってくる。

　つまり、より賢くなり、より人生が楽しくなるのです。これは、非常に幸せなことではないでしょうか。

　資格は一見、ある職業に就くための、極めて実用的な手段に思えます。しかし、この「手段」という面にばかり気

を取られると、「それを使って、どうする？」「何につなげる？」と、性急に目的を探そうとしてしまいがちです。

　ですから私は、セカンドキャリアを考える方々にこそ、「焦らない」ことをおすすめしたいと思っています。
　目の前にある簡単な資格を意識しつつも、「これを取ったところで何になる？」と思って、最初の一歩さえ踏み出さないで、何年も過ごしていませんか？
　少し難しい資格の取得を目指しながら、「取った後に何をするのか決めていないし」という思いが頭をもたげて、モチベーションが落ちてしまってはいませんか？
　それは、とてももったいないことです。最終目的など、今すぐ見つけようとしなくて良いのです。

　ビジネスパーソンとして何十年も生きていると、つい明確な目的を伴わない行動を取ってはいけない、というルールに縛られがちです。会社組織なら、たしかにそうなのでしょう。しかし個人は、というより「心」というものは、もっと理屈に合わないものです。原因と結果が、予想外な結びつきをすることも多々あるのです。

　ですから、性急に目的を持とうとせずに、まず、行動してみましょう。

思えば、あるものを目指して、それをそのまま手に入れても、驚きはありませんね。しかし、これといったビジョンがなくとも、まず行動して、得た結果を足がかりに次の行動を取る、ということを繰り返していると……その先に、思いもしない偶然や、発見があります。行動する前には想像だにしなかった自分になっていることに、驚きを感じられるのです。

　今、目的がない方も、そんな未来を楽しみに、とにかく今は「学ぶ楽しみ」を満喫してほしいと思うのです。学ぶということは、それだけで楽しいもの。知らなかったことを知る、という喜びを、その都度感じられるからです。

　先のことは、すぐに分からないかもしれない。それでも、昨日と今日で確実に違う自分になることを、日々楽しんでみよう。
　そんな気持ちで、とにかく一歩、踏み出しましょう。
　大丈夫です。そこから続く道はきっと、充実感と幸福感と、豊かな実りに満ちたものとなるでしょう。

キャリア形成に必要な七つのこと

「最小限の努力で最大限の結果を得る勉強法」、いかが
だったでしょうか？

この本で私が語ったことを参考に、これから皆さんが無
理をせず、苦しい思いもせず、新しい可能性を開いていっ
てくださったら、とても幸せです。

もう思う存分、語りたいことは語った……つもりでいま
したが、最後にもう七つだけ、お話しさせてください。

「七つもあるのか」と思われるかもしれませんが、いず
れも難しいことではありません。これから皆さんが歩む
キャリアを、楽しく、かつ充実したものにするための、七
つのヒントです。

①常にリフレッシュを心がける

一つ目は、常にリフレッシュを心がけてほしい、という
ことです。

仕事をするにせよ、勉強するにせよ、それだけをしてい

ると息苦しいものです。「こうでなければならない」という縛りが、知らず知らずのうちに可能性を狭めることもあるでしょう。

頑張らなければならないタイミングがあったとしても、自分が好きなこと、ほっとできること、すっきりできることを、折に触れて味わってほしいと思います。

②「時の流れは速い」ことを意識する

二つ目は、「時の流れは速い」ことを意識する、ということです。

私はあと数年で50代に突入しますが、20代の頃から現在までが、「一瞬」だったように思います。

同年代の皆さん、そう思いませんか？

人生は、思っているよりも、速いスピードで過ぎていきます。ですから、「時間配分」が大切です。

この問題を解くには何分かかるか。この資格を取るには何カ月かかるか、これを達成するには何年かかるか……。所要時間を意識して、あとは粘り強く、そこに向かってほしいと思います。

③粘り強く続ける

「粘り強く」といえば、三つ目のヒントにもつながります。「１万時間の法則」というものをご存じでしょうか。

米国のベストセラー作家にしてジャーナリストのマルコム・グラッドウェルは、「どんなことであれ、１万時間行えば、その道のプロフェッショナルになれる」と語っています。継続すること、毎日たゆみなく行うことには、それだけの力があるのです。

「無理なく、苦しい思いをせずに」がこの本のモットーでしたが、それをたんたんと、毎日続ける、ということに関しては、どうか粘り強く頑張っていただきたいと願っています。

④型を重視する

四つ目は、「型を重視する」ことです。

何かに秀でる、何かが得意になるきっかけは、自分に合った最適な「型」が見つかることではないか、と私は思っています。

テニス選手はきっと、自分のポテンシャルを最大限に発揮できるフォームを見つけたときに才能を花開かせるのでしょうし、芸術家もきっと、自分の内面を表現する際、自

分ならではの型やスタイルを持つことで、感動を与えることができるのです。

そうした「自分の型」を、皆さんにも見つけていただけたらと思います。

「超シンプルマーキング術」の考え方は、その参考になるのではないか、と私はひそかに感じています。テーマがあり、結論がある。そうした特定の事象や決まり事について、誰かから「問われる」とき、そこには特定の切り口、つまり特徴がある。思考を整理するための一つの型として、役に立てば幸いです。

皆さんも、何かを読み解きたいと思うときや、何かを作りたいと思うとき、自分の型や、切り口を持っていただきたいと思います。

⑤新しいことへのチャレンジ精神を持つ

五つ目は、新しいことへのチャレンジ精神を失わないでほしい、ということです。

「憧れ」について、私はこの本で何度か語りました。少年時代や青年時代の憧れは、大きく人を突き動かすものです。憧れるがままに、無茶な挑戦もします。

しかし年齢を重ねると、人はだんだん、良くいえば落ち着きを備え、悪くいえば臆病になります。

たしかに、その気持ちも分かります。できれば無難に過ごしたいし、この年になって一喜一憂したくもない。そんな気持ちを、私も何度も感じました。

　それでも、もしも皆さんの中に、まだ何かへの憧れがあるなら——ないと思っていても、何かこの毎日にしっくりこないものを感じているならば、少年時代に置き忘れてきた憧れを、青年期にやり残した心残りを、ぜひ発掘しましょう。
　そして、その憧れと少しでもひもづく資格があるなら、ぜひチャレンジしてほしいのです。
　皆さんはもう、「最小限の努力で」そこに届く方法を知っているのですから、チャレンジに対する心のハードルは、ずっと低くなっているはずです。

⑥10年後の目標を立てる

　六つ目は、10年後の目標を立てることです。
　私はかつて、「10年後には弁護士になっていたい」と思っていました。では10年後にそうなっていたかというと、ならなかったわけですが、決して、無駄ではありませんでした。資格こそ取れなかったものの、法律事務所のスタッフになっていて、好きな分野で働くことができていたから

です。

　達成できる・できないは別として、10年後にこうなりたい、という「なんとなく」のビジョンがあるだけで、人は「今の自分」よりも1段、2段、ステップアップできるのです。

　ちなみに、ビジネスの世界には、「10年後の目標を立て、それを達成するための5年後の中目標を立て、そのための1年後の小目標を……」という、逆算式のノウハウがありますね。あの方式は非常に理にかなっているのですが、それを粛々と予定通りに遂行できる人は、まずいないだろうとも思います。

　しかし、そこに「資格」があればどうでしょうか。

　・何年後までに、これを取得したい。

　・足がかりとして、1年後にこれを取得したい。

　そんなふうに、資格をマイルストーンとして置いていくことで、これから行うべきこと・行いたいことが、一気に具体化します。その意味で、資格は人生を後押ししてくれる一種のブースターでもあるといえます。

⑦五感を総動員する
∙∙

　最後に、七つ目のヒントです。ぜひ皆さん、耳と、手と、口を総動員していきましょう。

大人になると、とかく、目だけに頼りがちです。どういうことかというと、「書いてある文字を読む」ということだけが、物事を知る手段だと思いがちなのです。

　しかし、物事はもっと、五感を総動員して感じ取るものではないでしょうか。五感を働かせたときにこそ、知性もまた大きく花開くものだと思います。社会人が若者のようなエネルギーを発揮するカギだとも思います。五感を総動員させていたら、きっとこの先、年を重ねても、知力も気力も衰えはしないでしょう。

　この本は、資格を語る本です。しかし私が、その形を借りて本当にお伝えしたいのは、皆さんの充実した「これから」のことです。

　人生100年時代、私たちの人生はまだ、これからです。未来を、ともに豊かで、実り多いものにしていきましょう。

　私のささやかな経験と、そこで見つけたノウハウが、少しでも皆さんの役に立つことを願いつつ――。

　心からのエールとともに、筆をおきたいと思います。

　末筆ながら、本書出版に当たり多くの方々の御協力を賜りました。ここに心からの敬意と感謝を申し上げます。

2023年3月吉日　吉岡裕樹

吉岡裕樹

東京都出身。早稲田大学大学院法学研究科（修士課程）修了後、資格予備校の講師や、法律事務所の事務職として勤務。

歯科医療関係の会社で歯科技工士を務めながら、2016年に医薬品登録販売者試験（東京都）、2019年に社会保険労務士試験（合格率6.6％）に一発で合格。

その他、宅地建物取引士資格、日商簿記検定2級など、多数資格を取得している。趣味はカフェで本を読むこと。

装丁	菊池 祐（ライラック）
本文デザイン	今住 真由美（ライラック）
本文DTP	荒木 香樹
イラスト	Satoshi Kurosaki
校正	鷗来堂
著者エージェント	アップルシード・エージェンシー
編集協力	林 加愛
編集	伊藤 瑞華（KADOKAWA）

資格試験に一発合格！ 要点だけ見えてくる
超シンプルマーキング術

2023年3月30日 初版発行

著者／吉岡 裕樹

発行者／山下 直久

発行／株式会社KADOKAWA
〒102-8177 東京都千代田区富士見2-13-3
電話 0570-002-301(ナビダイヤル)

印刷所／大日本印刷株式会社

●お問い合わせ
https://www.kadokawa.co.jp/ (「お問い合わせ」へお進みください)
※内容によっては、お答えできない場合があります。
※サポートは日本国内のみとさせていただきます。
※Japanese text only

定価はカバーに表示してあります。